传统文化经典古籍注解

玄关一窍

易冒

（清）程良玉◎著

西藏藏文古籍出版社

图书在版编目（CIP）数据

玄关一窍 /《玄关一窍》编写组编．
—拉萨：西藏藏文古籍出版社，2016.4
ISBN 978-7-80589-259-7

Ⅰ．①玄… Ⅱ．①玄… Ⅲ．①命书—研究—中国 Ⅳ．①B992.3

中国版本图书馆 CIP 数据核字（2012）第 209723 号

玄关一窍——易冒

作　　者　（清）程良玉
责任编辑　郭晓斐
策　　划　天利文化
封面设计　焦云伟
出　　版　西藏藏文古籍出版社（拉萨市色拉路 22 号 邮编：850000）
　　　　　第二编辑部（北京）：北京市东土城路 8 号林达大厦 A 座 13 层
　　　　　邮编：100013　电话：010-64466847
　　　　　打击盗版：0891-6649998 13908990085
印　　刷　北京彩虹伟业印刷有限公司
经　　销　全国新华书店
开　　本　16 开（710×1000）
印　　张　12.75
字　　数　106 千
版　　次　2016 年 4 月第 1 版第 1 次印刷
标准书号　ISBN 978-7-80589-259-7
定　　价　35.00 元

目　录

易冒　卷九

易冒　卷十

王 序

余在长安时，即闻程君元如贤，后十年而始得访君于家，元如辞以疾。余因胡子旅堂为介绍，过从者再，元如始出。聆其言论，盖君平、公明之流也。自时厥后，余数过其家，元如虽卧病，必强起，为余坐谈弗倦。

一日谓余曰："吾五岁而瞽于痘，不能习举子业，学医不成，始学《易》。初从星元先师游，晚遇枯匏老人，互相质证。有所悟，命人笔记，历年成书，而但虑辞多烦冗，意或重复，因托旅堂为余商订。书成，公其为我序之。"余应诺。未几旅堂殁，余窃虑无有赞助此书于成者矣。元如益伤悼痛哭，病日深。余往问疾，不能出，然犹冀其必起也。无何而元如亦下世矣，呜呼痛哉！

甫浃旬，有人衣缞绖衣，面深墨，持《易冒》一书，长跪而涕泣曰："吾父易箦时，执手叮咛，谓所著书为我也，序者必楚中王先生。我是以恪遵遗命，来求先生，先生幸勿辞。"余闻其言而悲，又何忍辞？

余窃叹易学至今日，不绝于不学《易》，而绝于学《易》者，恒多矣。夫学《易》宜未绝也，绝于不易其易，而窃异端之术以为易。其为绝也，孰甚焉！程子传易，本之王弼，弼则出之费直，朱子本义本之吕伯恭，古易则本之田何，未尝以非易言易也。元如之学易也，谓其辞有尽而其象无穷。每占一卦，观其爻象贞悔、阴阳、动静，而人之终身吉凶悔吝，洞若观火。以是声名藉甚，甚有越千里以来求一言而去者。而元如益不敢自多也，日惟观象玩占，以自体验。

嗟乎！吾党有人致身通显，侈然以名士自居，人有举其所治经大义以问，而尚不能默数其章句者，况能悉意义之精微乎？元如之所以不可及也。且今日之患，学士大夫以通经学古为迂，而好驰骛于词章声华，以鸣得意。即学易者，不泥于数，则拘于理，未有得于意，言象数之外者。夫儒者不能传其易，而使传易者乃在一盲废之人，是尤可悲也。

己书将成，旅堂与元如相继殂谢，人以为奥义密理，不能为天地秘藏，或其泄机已甚。余谓学《周易》寡过，思虑所及，通于鬼神，未闻天道禁人之觉醒于义理也。书将成而溘然长逝，亦朝闻夕可之义也哉。不然，元如之终也，语不及私，拳拳以此书为念，岂好名哉？其平日心力之所至，窃恐后世不得其传，故不自为虑，而为人虑也。然则元如谆切属余之意，于是乎慰矣。

康熙三年仲秋楚江安史氏王泽弘撰

顾 序

尝阅史，至管公明“善《易》者，不论《易》”之说，谓是答何邓之邙詌言耳！今观程子著书而始信。夫程子垂帘虎林市上，辨吉凶，论悔吝，无非《易》也。而《易冒》一书，则不尽论《易》。无非《易》者理从《易》出，《易》之外无理；不尽论《易》者，《易》从数显，数之用非《易》。

然则何云“易冒”哉？悉是书者，可以善《易》，书盖为《易》而说也。若夫“生生之谓易”，通变无方而引伸触类，以穷神达化。圣人原不使人枯槁于彖辞爻象间，而遂谓之“易”也。故《系辞》曰：“冒，天下之道。”冒，覆也。天覆乎上，而七曜五行、春秋寒暑、人物化育散见于中，皆不谓之天，而莫非天之事。《易》统其纲，而甲子、六神、变互、反伏与诸星、世应九十一之旨，皆未始耑言《易》，而莫非《易》之事。是程子之书不论《易》，而精于言《易》者也。今人不察，每得焦氏诸人之书，秘诸帐中，遂谓道在是矣，乌知此中奥衍有若是哉！

程子为当今管郭，有勿占，占则应。如乡户外趾相错，日既昳，有不及叩而返者，如是二十余年以为常。至四十时抱疴键户，忽忽机动于中，遂得数见兆，因而发愤著书，穷极要妙，自谓能补前圣之所未备，极深研几，盖三年而书始成。

书成，程子即谢世去。然则占墨视拆，程子虽欲秘之，有所不能秘。昔郭参军有青囊书九卷，门人赵载窃去，未及读而火焚之。似乎独得之秘，为造物所忌。程子不死于未著书之前，适死于方成书之日，苟非天以此道绝续之会，令程子继往哲，开来学，恶观其有传书乎？

余友文翎高子于程最称服膺，余因得尽读其所著书，且以叹程子之善《易》，而又天纵之以论《易》也。则视《易冒》一编，虽谓程子未尝死，亦可矣。

康熙甲辰秋七月既望钱塘且巷顾豹文撰

陆 序

余总角时，闻新安有元如程先生者善卜，隐居吾杭城西泠，车马阗骈如市，日既晡，不得下帘休息。余友旅堂胡子亟称其人，尝从而窃窥之，其状貌魁梧，言谈若河注，心知其非日者卜筮之流矣。元如徙郭外与余比闾居，交益密，时时过从，闻其绪论，虽老生宿儒不能及。私念京、焦、管、郭精易数，有声著述，元如以瞽目博洽若此，非夙有神解，何以至是？

余攻举子业，所习仅易书训诂，每观元如卜，其称引爻辞与《本义》无殊旨，靡不奇中。人曰："元如精于数，秘而不泄，特庾其辞于常谈耳。"元如笑应曰："圣人穷理数，为理用；后贤极数理，以数彰。理数岂有二哉？考亭谓孔子以义理说易，是象数已明，不须要说。今人不知象数而妄言易理，亦复何当？然人知理之示人者显，数之告人者微，不知数之微者其变有定，而理之显者其应无穷。吾幼遭废疾，不获探索圣人穷理之原，以极数之委，幸遇星元师及枯匏老人，深究圣贤书数而寻诸理，庶几幽明死生、进退存亡之道，其亦可坐而照也。"余知元如殆得道之士，虽季主、君平，未必能过。

辛丑夏，元如梦青衣吏二人，以檋召之去。元如曰："去无难，第卜筮之道，沿习糟粕，而未穷其奥。余得师传，欲立言以问世，操是心几二十年，而卒未就，奈何？"吏人曰："吾为君请之，足了君事。"比觉，遂发愤著书，越三年而书成，属旅堂点次。点次甫定而旅堂逝。以其书授之梓，梓成而元如亦逝。呜呼，立言传世，其功在人。元如抱斯志垂二十年，盖成之若斯之难也。朝闻夕死，不可谓非天为之，其书传，其人不死矣。

余因是益叹数之有定，而圣人作《易》以前民用者，不可诬也。若元如者，其为得道之士，而非日者卜筮之流，读《易冒》者，自有会心知，知非余一人交深而私许之矣。

康熙甲辰仲秋西泠陆进荩思父拜撰

自 序

予世家新安之蟾谿，父映源公，业贾吴兴，母谢氏，生予多蹇，五岁而瞽于痘。先君谓予母曰："是儿早慧，今得废疾，不能受书学举子业，莫若令习医。"遂授医书，耳听心受，手训点画。到十岁，予告父母曰："为医之要在望闻问切，既不能望，术能神乎？"乃弃而学卜。

从日者家五六人，粗得其概。最后从星元先师游，独尽其传，朝夕问讯，记忆探讨，相随五载，犹若茫然。乃渐迁心音律奕棋之戏，将堕蹶。业师戒予曰："夫学易之道，专则纯，纯则精，精乃入神；分则杂乱，杂乱则疏，疏乃不入。今汝学，分而不专，其能达耶？"于是益发愤研求，屏绝外嗜，竭思废寝，以为天下之事亿兆纷纭，何以得一理贯通其吉凶，而后不惑？

年登十八，始悟用爻。是此是彼，随大随细，惟一用爻而求，诸吉凶乃得其柄。如所谓老奴占幼主必用父母，少君占衰仆必用妻财，此以分不以年也。词讼凭官而后世应，以胜负决于听讼也。寿命凭用而后父母，以其享年也。科目先文而后官，廷试先官而后文，各有所重。由此引申，则左之右之，无不宜之矣。于是集旧闻，秉师说，本以心得，参以占验，纂述成书，为筮类五十篇，而内详三百七十有七问。

复考圣人立法之所由，参研三载未得。己卯之冬，偶遇楚来枯匏老人，聚首三月。请益焉，乃曰："圣人不妄立法以教人，皆必有本，而具陈于百家之书，汝未能遍考，我一一授之子，子其秘之。"予曰："圣人立法，将以开后世之蒙，受而复秘，独得之亦何益耶？"枯匏曰："是心可以为人师矣！前言探子尔。

立言传世，功孰大焉！”于是复究先贤阐易之书数十种，立法四十一篇，计九十一章，卷分有十。

列成卦成爻之由，立世立应之法，诸星何事而名，六神何事而司。随墓助伤本凶，而有弗凶也；绝生本吉，而亦有弗吉也。空破绝散，有真伪之分；飞伏互变，有轻重之取。岂执一义而尽之与？

故《黄金策》言“用化用则有用无用”，其云化去是神忒也，伏吟之故尔，若化进神，安得无用乎？复曰“太过者损之斯成”，非云吉凶，断事之成合时也。若曰用爻太过为不吉，则“生扶拱合”之语非矣。

《卜易阐幽》云“伏藏不论旬空，可以言轻重”，岂言不空耶？亦长于彼而短于此也。《卜筮元龟》“晴雨以世为地，应为天”，京房以父母为天地，亦是于此而非于彼也。

《补遗》飞伏，其七世皆伏本宫，而京房独以游魂飞伏不相侔合。如晋外伏艮而内伏乾，己酉世爻以丙戌为飞伏；如需外伏兑而内伏坤，戊申世爻以丁亥为飞伏。占之屡验。

然先师成书时，未得此学也。即搜决鬼神，多载湖下之圣。六合之内，有土风名俗之相异，百世而下，再成之神，但能以义理相揆，岂可实指其姓字乎？先师每谓予曰：“生平之学，《补遗》缺是二端。”甚矣，著书之难也！

予荒陋管窥，敢言能备与？惟所知者载之，不知者以待高贤之教我也。予常终日凝思，久而不悟，春秋相继而未得。逍遥子谓予曰：致虚守静，以观其复，灵明生焉。密云禅师谓予曰：但会取本有。吾于二师有默契，云古之人有以风占鸟占谚占，言语卜威仪卜政事卜，是无卜筮而知吉凶也，况蓍草金钱木丸之占，而必执同异相非乎？愚以为易者，象也，象也者，像也，其辞则异，其象则符，但告于蓍则以蓍占，告于五行则以五行占，告于焦氏则以焦氏占可也，其成卦成爻一也。久思著书问世，以造门之问，日昄不遑。年四十而疽发于背，始得杜门谢客，而草创之，历三年之久而撰稿粗成，就正于故人旅堂先生。先生与其同学见而亟称之，乃下榻草堂，重加删定为梓以行世。嗟乎，苟有小补于世，则安敢逃于妄述之罪哉！

康熙甲辰岁仲夏朔旦新安晵目程良玉叙

易冒　卷一

甲子章第一

天干有十，地支有十二。

注：干犹本也，象天生物，故曰天干；支犹枝也，象地成物，故曰地支。干有十：甲、乙、丙、丁、戊、己、庚、辛、壬、癸。支有十二：子、丑、寅、卯、辰、巳、午、未、申、酉、戌、亥。

用甲乘子，取乙驾丑，干支终始而循环，天地之数六十而尽矣。

注：甲子之法，以天干顺布于地支之上，始自甲子至癸酉，干终而始甲戌，支终而始丙子，若枝本之不离，并尽于癸亥，计有六十也。

天分五运，地分六气，以造化万物于其中，乃作甲子以记岁时，使日月四时之有经也。

注：五运谓东南西北中，十干动运乎上；六气谓十二支六阴六阳之气，司寒暑春秋消长之权，静成乎下。而吉凶祸福，由是以兆。

自汉武从寅，则无复四同之甲子；迨娄景补韵，则始传分象之五行。

注：周正建子，则以甲子年起甲子月，甲子日起甲子时。夏正建寅，汉武帝述之，退三位而取丙寅，所以无复有四甲子也。古纳音但有甲子乙丑属金、丙寅丁卯属火之法，及娄景先生推五行之理作歌，始有海中金、炉中火之说。

纳音之法，以干支之数，合大衍之用四十有九，去其本数，复考其零，以五行相生而纳诸属也。

注：纳音所属之法，“大衍之数五十，其用四十有九”，考其干支所属之数几何，于四十九数内，去其干支本数，而所零者以五除之，其余复以水一、火二、木三、金四、土五，数至四十有九，得水则纳音是木，得土则纳音是金也。法曰：

六旬甲子妙尤玄，七七中除地与天。

五减零求生数立，纳音得此几人传。

夫干支之数，谓甲、己、子、午九，乙、庚、丑、未八，丙、辛、寅、申七，丁、壬、卯、酉六，戊、癸、辰、戌五，巳、亥四为则，此干支定数也。以万物辟子而合申，故甲己子午，自子至申得九；乙庚丑未，自丑至申得八。如甲乃九数，子亦九数，乙乃八数，丑亦八数，计三十有四。于四十九内除之，其余十五，复减其十，所零五数。五为土，土生金是也。余仿此。

复引申其用，浑甲同此而作，三式由此而成。

注：浑甲，以六十甲子纳八卦之下也。三式，谓太乙统宗，天之数也；奇门遁甲，地之数也；大六壬，神人之数也。

干乃天，虚而无形，故不专祸福；支乃地，实而有象，则有旺衰生死、进退消长、破冲刑害，以曲成万物之能。

注：天无形，故干神之用，专于五化，谓甲己化土、乙庚化金之类；地有象，则成能万物，吉凶以昭，故支神之用，有当生者旺、所生者相、四生四死、进神退神、升降消长、三刑六害之类。

是以位之四方，纳之八卦，立星煞之神，生生不已，新新不停，咸备五行之用。《通书》所谓“三大三小”，谚语所谓“无水无金”。上古天皇、地皇、人皇，皆资是始，万化之用，岂能外此哉！

注：以干支列于四方，谓壬子癸、丑艮寅、甲卯乙、辰巽巳、丙午丁、未坤申、庚酉辛、戌乾亥是也。以干支纳于八卦之下，义见后篇。立吉星凶煞之神，吉凶咸备。他如《通书》所谓六甲下纳大金小金、大火小火、大水小水之法，谚语谓“甲子甲午旬中全无水，甲申甲寅旬中不见金”之说，即上古天王君起甲子、地王君起甲申、人王君起甲寅，莫不造端于此。故曰：甲子不立，则五行不神；五行不神，则吉凶不著矣。是以著《易》，必首明甲子。

成爻章第二

以钱代蓍，但求奇偶。

注：上古以蓍揲而成爻，后因揲蓍之烦，故以钱代蓍，不必分二挂一，揲四归奇，但求奇偶，所谓“舍四营而减为一掷”者也。

奇者阳也，像天之覆；偶者阴也，像地之载。观覆载而奇偶得矣。

注：钱分奇偶，以形测之。钱覆者如天之覆悬于上，故属阳而为奇；钱仰者如地之仰载于下，故属阴而为偶。

得一奇则曰单，谓之少阳；得一偶则曰拆，谓之少阴；三覆曰重，谓之老阳；三仰曰交，谓之老阴。重乃三奇，交乃三偶。阴阳老少既成，而八卦由此生也。

注：奇圆围三，偶方围四。三用其全，四用其半。故得一奇二偶是七，而为少阳；得一偶二奇是八，而为少阴。三覆是三奇而为九，乃老阳也。三仰是三偶而为六，乃老阴也。九名重，六名交，七为单，八为拆。

向上言眉，向下言背，亦谓如乾坤之形耳。

注：法曰：两背由来折，双眉本是单，浑眉交定位，总背是重看。

谓乾形覆背在上，坤形仰眉在上是也。近俗有以筶辨别阴阳者则异是，以竹中剖，其心向上为阳，向下为阴。钱以体成，其形覆为阳，仰为阴，各有取义也。

成卦章第三

既成三象，始有二老。

注：一画而分阴阳，二画而分太少，三画而备三才，三才备而二老交，二老交而六子立矣。

纯阳曰乾，纯阴曰坤，刚柔交而得一阳曰震，乾坤荡而得一阴曰巽，再磨而成坎，复媾而为离，三索奇偶而生艮兑，六子备而八卦立矣。

注：八卦从二老而生六子，三单纯阳为乾父，三拆纯阴为坤母。二老始交，阴获阳为震，阳得阴为巽；再索之坤中爻获阳为坎，乾中爻得阴为离；三索之坤上爻获阴为艮，乾上爻得阴为兑。于是乾、兑、离、震之顺，巽、坎、艮、坤之逆，首尾交接而成圆圈，先天八卦备矣。

因而重之，坤始震而至纯乾，左旋之三十二象也；乾配巽而至纯坤，右转之三十二象也。是故圣人以象义而名卦，以变次而成章焉。

注：八卦之上，重加八卦。以坤获一阳之初，而坤加于震，从此始左逆行，以坤、艮、坎、巽、震、离、兑、乾配于震上，

次而离，次而兑，次而乾，此左旋三十二卦也。以乾得一阴之初，而乾加于巽，从此始右顺行，以乾、兑、离、震、巽、坎、艮、坤配于巽上，次而坎，次而艮，次而坤，此右转三十二卦也。

易卦次由十六变而成。谓乾一变姤，二变遁，三变否，四变观，五变剥。上爻天也，故不变，而复下变四爻为晋。易章成有七焉。三变旅，游入离宫，故圣人以火地晋为游魂。二变鼎，一变大有，不序他卦，还入本宫，易章始成八卦，故圣人以大有为归魂也。盖凡九变，万物归还，理数以极，自然之象。复二变为离，三变噬嗑，四变颐，五变益。复四变无妄，三变同人，二变仍乾。乃十六变也。后天八宫易章之成如此。此卦变，非动爻变也。

夫大衍之数，成一为奇，成二为偶，周奇而后周偶；四营为一，三扐为爻，老少乃得。然则经文卦序，不由象而由义也。

注：此言爻与卦殊也。如大衍之数，单奇双偶，先有奇而后有偶，四营为一变，一变为一扐，三扐为一爻，始见老少皆从奇偶而成。若经之名卦序卦，皆以义起也。

若一生二，二生四，四生八，八生十六，十六生易，此易之穷于象也。

注：象与义虽异，而不相离，故一画阴阳为二仪，则生二画之四象；二画老少为四象，则生三画之八卦；八卦再重而十六，十六四重而成天地雷风水火山泽之易。则易之道，从象而终也。

一与九，二与八，三与七，四与六，五与十，此图之终于数也。

注：此言单、拆、交、重之数，尽于《河图》中也。

盖以数、以象、以义而成易，则数、象、义相乘，而吉凶出矣。

注：此言象不离数，义不离象，以成卦断吉凶也。

纳甲章第四

乾坤为天地，生万物于中，由是三才备而六子立。故十干之所纳，乾阳也，纳阳干之首尾，下甲而上壬；坤阴也，纳阴干之首尾，内乙而外癸。

注：盖万物六子，皆从天地而有，故阳干纳阳卦，阴干纳阴卦，乾坤纳天干首尾，而中包六子也。夫甲阳乙阴，天干之首；壬阳癸阴，天干之尾；庚辛戊己丙丁，所谓中包而六子纳之也。

震巽以长而纳位乎上，坎离以次而纳位乎中，艮兑以少而纳位乎下。位与爻异，盖爻以数成，而位以序别也。

注：震巽纳庚辛，上位也；坎离纳戊己，中位也；艮兑纳丙丁，下位也。夫天干纳位，地支纳爻，不相同者，以爻从六七八九之数而成，而位以长幼为序也。

二老时迁，三少不变，则干支六十，可得而具焉。

注：夫一卦纳六爻，则干支止于四十有八，六十甲子，何能备纳？故二老所纳随时迁移，冬至后下纳甲乙，上纳壬癸；夏至后下纳壬癸，上纳甲乙。而后交互变化，甲子咸备。

十二支所纳，阳顺阴逆，故乾起子而及戌，长子袭之，中男袭其中爻，三男袭其上爻也。阴则不然。盖子以从父，妻以从夫，人伦之常也。

注：盖地支以阳顺阴逆而纳。如乾纳子寅辰午申戌，而长子袭之；中男袭中爻，则纳寅辰午申戌子；三男袭三爻，则纳辰午申戌子寅也。阴卦异是。

夫天地氤氲，上下交媾，阴阳摩荡，故坤建未而尽酉，以互合于乾，此二老之所以能变化也。少则不然。盖老变少不变，天道之常也。

注：氤氲、交媾、摩荡，皆指顺逆变化好合而言。故坤纳未巳卯丑亥酉者，以其下坤合配上乾，上坤合配下乾，所谓相互而合，相交而好。相摩荡而成变化也。故曰：两仪不摩，则万物不成；二老不荡，则六子不立矣。三少阴异是。

夫巽以丑从子，离以卯从寅，兑以巳从辰。女随男，阴从阳，交错逆行，周旋无间，故曰“浑天甲子”。观其阴阳进退变化反复，而知几其神乎！

注：巽纳丑亥酉未巳卯，以其内巽阴丑随震阳子，外巽阴未随震阳午；离纳卯丑亥酉未巳，以其内离阴卯随坎阳寅，外离阴酉从坎阳申；兑纳巳卯丑亥酉未，内兑阴巳随艮阳辰，外兑阴亥从艮阳戌。此所谓夫妇随从，周旋无间，而交错逆行也。

五行章第五

五行者，五类也。五类者，象而类之也。夫象有五，曰令、曰位、曰色、曰形、曰性。

注：五类，金木水火土也。令，时也；位，方也；色，气也；形，状也；性，属也。因是而象，则知其类。

一阳之生，令司冬至，子之半也；位列北方，坎之体也；色黑，形湿，其性乃寒，水之象也。阴阳相半，令司春分，卯之正也；位居东方，震之用也；色苍形润，其性乃温，木属故也。

注：此言象而类之，则知坎子北方应属水，震卯东方应属

木也。

一阴之生，令司夏至，午之半也；位列南方，离之体也；色赤，形燥，其性乃热，火之属也。天地相收，令司秋分，酉之中也；位居西方，兑之用也；色白，形槁，其性乃凉，金属故也。

注：此言离午南方，应属火也；兑酉西方，应属金也。

四方四时，则类其所亲；五行五旺，则分其所居。

注：春木、夏火、秋金、冬水，相亲而类之，然必以子、午、卯、酉为君宰，以五行旺于是尔。

故亥水、寅木、巳火、申金，类从其属。辰、戌、丑、未，则出类分属，是以令季、色黄、形安、性平，位中央而寄四维，土为万物之本也。

注：亥近子，故属水；寅近卯，故属木；巳近午，故属火；申近酉，故属金。然辰戌丑未属土者，不亲其类，反分四季，盖万物之根，不可一无土也。

干神应支，从类而化，犹地生物而天应之。

注：地支所属，天干应之。如寅司木，寅中有甲，而甲亦木矣；如卯属木，卯中有乙，而乙亦木矣；如辰属土，辰中有戊，亦土矣之类。盖剑气烛天，三光照地，理也。

其八卦之属，位之象之，推而五兆七耀之分，亦近取诸身、远取诸物之所自起也。

注：乾兑位西属金，震巽位东属木，此以位言之；坎水，离火，艮山，坤地，此以象言之。五兆，谓雨、霁、蒙、驲、克，即水火木金土；七耀，谓喜、善、威、文、弱、燥、怒，即日、月、金、木、水、火、土也。

六亲章第六

吾闻立人之道，必先五伦，此六亲所自始也。

注：六亲之法，义仿五伦。

卦成则以我为本，有我，则生我者为父母，曰慈，曰天，曰地，曰城池，曰文章、器皿、衣冠，凡以庇其身也。克我者为官鬼，曰刑，曰雷电，曰品级，曰乱臣贼子，曰疾病、制爻，凡以束其体也。

注：凡卦成，六爻内飞伏互变之中，年月日时之上，凡生我者谓之父母，主庇益；克我者谓之官鬼，主制缚。

比和者为兄弟，而于贵则相凌，利则相攘，政则相干，得则相取。

注：兄弟本为比和，但吾之所好，彼亦好之，故嫌攘夺，又为阻滞。

我生者为子，则能制我之仇警；我克者为财，则能给我之驱使。子孙为福德，而忠良、医药、高尚、逍遥之象见焉；妻财为仆妾，而货贝、仓库、饮食、淫乐、荒殆之象见焉。

注：子为福神，兼能克鬼；财为仆妾，兼主货财。溺则淫乐荒殆也。

推之人事，宠禄盈而兆乱，财动生鬼也；慈惠著而众归，父动生兄也；困而后荣，生而后富，官动生父，子动生财也；比肩协力，而国士以至，兄动生子也。此六亲之生象也。

注：此言用神不动，而元神动者，亦为吉占。相生之理，推之人事而无不合也。

长能率幼，父动克子也；邪不胜正，子动克官也；多财损文章之誉，威刑弭狙诈之心。财动克父，官动克兄也；利则起争，争则损利，兄动克财也。此六亲之克象也。

注：此言忌神被克而吉，用神被克而凶。相克之理，推之人事而合也。

以五行之象而分六亲，以生克之理而筹庶务，事无遁情矣。

注：六亲推自五行，万事推之六亲，各有所用也。

六神章第七

兽乃将之名，神乃帝之佐也。

注：古以鸟兽名官，不言将而言神，以其妙用无穷也。

盖有司月司日之将，亦有司时司贵之神。权有重轻，而司日月者为要。

注：司日，即甲乙起青龙，丙丁起朱雀，戊日起勾陈，己日起螣蛇，庚辛起白虎，壬癸起玄武。

司月，即：龙在寅方虎在申，正从丑上起勾陈。朱雀巳宫玄武亥，惟有螣蛇辰逆行。

司时，即时建六神，以五子遁法，时遇甲乙即起青龙，时遇庚辛即起白虎。设如甲子日寅时占，而五子遁法，时当丙寅，即初爻起朱雀是也。

司贵，即随贵人之六神，其法起贵人、螣蛇、朱雀、六合、勾陈、青龙、空亡、白虎、太常、玄武、太阴、天后，盖阳贵顺行、阴贵逆行也。设如辛未日辰时占，则寅上起贵人，未乃青龙，酉乃白虎。

此四者名同而用异，卜筮必以日月六神为重。

勾陈之象，实名麒麟，位居中央，权司戊日，盖仁兽而以土德为治也。

注：勾陈实乃吉神，麟趾不践生草，不履生虫，其行多迟，配土德，敦信而为用也。

螣蛇之将，职附勾陈，游巡于前，权司己日，盖火神而配土德以行也。

注：螣蛇之官，游巡帝前，属火而性多不测，情尚虚浮，位在戊下司己，故复属土，使臣也。

青龙之神，左居东方，权司甲乙，而主文事，以木德为化。

白虎之煞，右居西文，权司庚辛，而制武备，以金德为刑。

注：青龙位帝之左，文臣也；白虎位帝之右，武臣也。

朱雀舞端门，南方司丙丁，而主封章弹谏文学，以火为德。玄武从帝座，北方司壬癸，而主计谋筹画机巧，以水为德。

注：朱雀位帝之前，谏臣也；玄武位帝之后，谋臣也，盖子为帝座，午为端门。

六神之设，各有攸司，吉凶善恶，以用而迁。

注：言所司各吉凶，凡雀司言，武司计，龙司生，虎司杀，勾司实，蛇司虚。

夫万物之情，与类相亲，亲其所同恤也；非其类则不亲，不亲其所相恶也。以仁为体，不处残忍之乡，故龙避金爻也；以杀为威，当亲礼让之地，虎伏火爻也；明智则胜人之争，水以制雀也；笃信则化物之狡，土以制武也。

注：青龙为仁，金克木则吉而不吉；白虎为杀，火克金则凶而不凶。玄武为水智，能胜朱雀之争；勾陈为土信，能制玄武之狡。此复以物情推之而合也。

故六神吉者，喜生、喜助、喜动、喜持世；六神凶者，宜制、宜化、宜散、宜逢空，复加于六亲好恶，而悔吝自昭。

注：以六神参于六亲，则吉凶悔吝，昭然不爽。

其大六神将，以周正为法，而先天分位之龙起子，虎起午，朱雀以卯出自离门，玄武以酉出自坎座，勾陈督文事而顺游，螣蛇由武备而分狩。

注：大六神法，因周正建子，以先天位分之，故青龙从先天坤位，则自子上顺行；白虎从先天乾位，则自午上顺行；朱雀从先天离位，则自卯上顺行；玄武从先天坎位，则自酉上顺行；勾陈黄帝之命，六神之宰，从亥顺行，督从青龙而巡；螣蛇为游神，自白虎午上相分逆行，以狩四方也。

司日之将，法天五运；司月之神，行地六气。

注：日建六神，皆起天干。月建六神，皆起地支。

犹有司时六神，其则如日；司贵六神，其则如星。凡星宿之光，不及于日月；时辰之力，不敌于春秋，故曰日月六神为要也。

注：时神亦起天干，贵人亦从贵人星而起。星宿之光不大，时辰之权不永，安能如日月六神乎？

世应章第八

刚柔摩而卦立，上下荡而易成，易章成而世应出矣。

注：易章，谓乾为天至雷泽归妹之章。

盖世应出于三才始备之际，非易成而后有也，然成易而有名焉。

注：世应，事物之主宰。三画始备三才，以四象生成八卦之时，

则第三画即三才始备之爻，因名之应。复以八生十六成八纯之际，则第三画乃纯之第六画，亦三才始备之爻，因名之世。然世六而应三者，以三成才而六成体也。以体言象，以世言法，故从世爻上下循环，则世应出于成卦之时，非有于易章之后也。

故八纯六世，八生十六之因也；三应，四生八之由也。重之为六，故世居六；不重则三，故应居三。世犹身，应犹物也。

注：六者体象既成，专言之而为身。三者卦爻未备，概言之而为物也。

顺而行之，推而广之，以易章而次第之，循环已终，逆顺反止。

注：自乾六世，姤一世，遁二世，否三世，观四世，剥五世，乃谓顺行推广，次第循环，至五而终。终而始，顺而逆，故晋四世，大有三世，乃复还三才始备之爻，所以世应从此而止。

至归魂而变化之道复，及游魂而上下之理迁，皆非人力所能为也。

注：自八纯六世三应，及归魂三世六应，变化之道，于此以极，顺逆之理于此以终；自五世剥至四世晋，逆而不顺，下而不上，恒常之理于此以迁。皆有自然之道。故占者遇游魂主变，遇归魂主复也。

五星降位，乾六世而起镇星。土，万物之母也。一世继于太白，二世继于太阴，太阴继岁星，岁星继荧惑，荧惑复继镇，而生生相续，以循震、坎、艮、坤、巽、离、兑、归妹，而岁星终焉。

注：乾卦壬戌持世，坤卦癸酉持世，皆纳干支之法。然五星二十八宿之持世，卜筮未考。汉京房以土镇星降次于纯乾六爻，土乃万物之母，因以土星为始。土生金，则姤卦辛丑，降次太白；金生水，则遁卦丙午，降次太阴；水生木，则否卦乙卯，降次岁星；木生火，则观之辛未，降次荧惑；火生土，则剥之丙子，复降次镇星；土生金，则晋己酉，复降次太白；金生水，则大有甲辰，

复降次太阴；水生木，则震之庚戌，降次岁星，生生不息。震宫生坎宫，坎宫生艮宫，艮宫生坤宫，坤宫生巽宫，巽宫生离宫，离宫生兑宫，及归妹丁丑而岁星终焉。

盖不言水而言太阴者，太阴，水之精也；不言太阳，而言荧惑者，太阳，则日辰之权也。京子之传，岂有谬乎？然五星灾祥之现，现于特变者也。

注：日为君主，故不同列，而以荧惑代之，其吉凶之应，必以独发，然后配事为验。

镇星主安，则司城郭、屋室、土地、泰康之事，而不可以越为；太白主兵，则司于戈矛、威武、刑杀、绝灭、忧丧之事，而不可以居，且其色光芒，其性锋利。

注：土星特现，凡事皆吉，但只宜守信，不可妄为。金星特现，主兵丧，若值白虎官鬼有凶，临青龙子孙无咎。

荧惑火星，伏不测，亦司文章之事，而他遇者凶，若见太阳，其光熄矣。太阴主慈慧，配圣母之德，惟司赦宥之事，若临咸池，其德败矣。岁星则主万物，遇吉则吉，遇凶则凶。

注：火星唯司文章，余皆凶，若遇日辰克之则无患。占宅与火鬼同发者，主回禄。水星特现，凡事消释，咸池临之，则主淫乐致凶也。

经星聚世，参宿起乾，实沈晋地，乃乾之方。男从父，女从母，而例之，盖天星各有所司也。

注：参星在实沈之分，晋地为中原之西北，故参星降起乾卦六爻，以乾、震、坎、艮、坤、巽、离、兑为次，顺布六十四卦之世爻，此京夫子之传也。

有以乾巽角、坎离斗、艮坤奎、震兑井、八纯闰归魂之宿。先世应，而自外以布至内，则三百八十四爻，各有一星司之矣。然祸福之兆，入于主象而兆也。

注：以乾世爻起角星，应爻是亢星，五爻氐星，初爻房星，四爻心星，二爻尾星，此乃先世应而后自外以布至内也。其姤卦世爻起亢星，应爻是氐星，二爻房星，六爻心星，三爻尾星，五爻箕星之法是也。大有世爻起斗星，坎卦世爻亦起斗星，归妹世爻起角星，乾卦世爻亦起角星，此乃八纯闰归魂之宿也。然归妹三爻角星，六爻亢星，初爻氐星，五爻房星，二爻心星，四爻尾星。盖世应之星，八纯归魂相同，而余星则异，此《黄金策》刘夫子之传也。

昏中为吉，旦中为凶。日缠其垣则善，月丽其次则祥。然曲尽旁通，存乎人尔。

注：昏中则星光故吉，旦中则星晦故凶。如今正月昏中乃胃星，二月中乃毕星，三井、四柳、五翼、六轸、七氐、八尾、九斗、十女、十一室、十二奎，遇此则吉。若日月临之，用神复值于其上，则尽善矣。盖尧时日短星昴，太阳出虚；今日短星毕，太阳出箕。天行日行有岁差，故今古不同，因略言之，然后世当随时而定。

是故随官入墓、助鬼伤身、合处逢冲，此占世之凶征也。

注：此三法皆从世爻而设，五星经星，又其次尔。

我求我得不可世空，彼有彼来岂宜应陷？破散有败亡之象，动冲为更变之端。变进神，少而成多；化退神，厚而反薄。三合无而生有，三刑强而自敝。

注：进神如物之长，退神如物之消。世如空者，日、月、动爻、三合拱而扶之，则过旬而有；世如动者，日、月、变爻、三会而刑之，则终及于敝。

若夫二势相胜，二事相交，二意相疑，则重于生克。传曰；一卦中间，主宰莫非乎世应，容可忽与？

注：彼我之势，不宜应克世，而宜世克应；彼我之交，不宜世生应，而宜应生世。凡值人己之占，最重生克之势。

身法章第九

身法有二：由卦而立，谓之卦身，曰月卦；由世而立，谓之世身，曰身居何爻。世身之法，必备于爻；卦身之法，或阙于卦。

注：其法始于复姤，谓一阳一阴之世，则为子午月卦；二阳二阴之世，则为丑未月卦；三阳三阴之世，则为寅申月卦；四阳四阴之世，则为卯酉月卦；五阳五阴之世，则为辰戌月卦；六阳六阴之世，则为巳亥月卦，即卦身是也。如乾六阳之世，卦身在巳；坤六阴之世，卦身在亥。子午之世，谓一阳一阴，则世身在初爻；丑未之世，谓二阳二阴，则世身在二爻。余以类推。如小畜子爻为世，故世身在初；大畜寅爻为世，故世身在二之类。

盖卦身者，卦之体也，则象人心之用焉。静则坦怀，合则适意。故见于卦，若体有所依；失其位，如心无所主。卦身者，事之主也，则兼彼己之用焉。己用则七，彼用亦三。故行人遇合当归，谋望遇合可就。

注：卦身为卦根事主，合有得见得成之象。

空破主犹豫进退之端，动冲应变更惶惑之义。不宜重见，则两从之念生；最忌冲亡，则千虑之知失。

注：卦身若遇空、破、发动、暗冲，主身心二三。一卦两身，有二心之象；动逢冲散，有恍惚之嫌。

若夫世身之用，空主疑，动主乱，破主败，冲主变，散主失也。

注：世身唯避此五者，然可参看，不当泥也。若世爻旺相，此何伤乎？

凡看二身，先宜无病，然后以六亲、六神、星杀详之。功名仕宦，喜文书、官鬼、青龙、朱雀、贵人临之，而子孙勾陈为忌；财利经营，喜子孙、妻财、青龙、天地财临之，而鬼、兄、白虎为忌；狱讼喜坐子孙，而鬼侵为忌；忧患恶临官鬼，而身空反安。

注：先贤身上临官不见官，疑未当。凡忧疑损害，则反以身空为吉。

大抵吉凶之应，世身之吉凶不若卦身之重也，卦身之吉凶不若世爻之重也，学者辨之。

注：吉凶征应，当以世爻先之，卦身次之，世身又次之。

间爻章第十

间乃中间，复名离间，是世应内之中爻，间离宾主者也。

注：如乾四五为间，复姤二三为间。盖世为主，应为宾，为此两爻相隔也。

时而为忌，于举动为阻滞，谋望为结碍，通问为断绝，交与为离间，从事为诽谤，征战为忽突，进取为摈隔。凡为我忌，宜静不宜动也。

注：法曰“世应当中两间爻，发动所求多阻隔”是也，唯动则应焉。

时而为用，如婚姻为媒妁，词讼为中证，造作为匠工，家宅为窗牖，馆席为从学，舟车为附载，胎产为收保。凡为我用，宜生助而不宜空破也。

注：生助有力，空破无功，近彼近我，占其所向。

然间值鬼爻，则忧生内地，如病居心腹，鬼犯明堂，修行而扰尘缘，处事而愠群小。值则已形，动则又甚。

注：间爻不宜临鬼又动也。

夫身世前后之爻，而云未来已往。初四之爻而云左右为邻，二五云君臣之象，初上云天地之分，三四云门户之司，重交云隐现之事。诸爻有用，况间爻之处中乎。

注：如六爻身世，初为前而五为后；初爻身世，二为前而六为后。以其进为将来，退为已往也。四爻为左邻前邻，初爻为右邻后邻，盖左与前同，右与后同也。五乃在上居中之爻，故曰君；二乃在下居中之爻，故曰臣。天地之大，不可以数拘，故有初上之名，而无一六、六九之称也。三四乃内外出入交接之爻，故曰门户。交重乃阴阳之象，事已萌者为现，未萌者为隐，阳现而阴隐也。《易》云“占事知来”，卦书“重主已往”之说，亦言已萌，而未言已过也。诸爻俱因象为用，况间爻备事物之象，其可遗乎？

易冒　卷二

变互章第十一

老阴之为少阳曰变，老阳之为少阴曰化。盖变者如物消而长，退而进，夜而昼也；化者犹物成而败，上而下，中而昃也。变变化化之以名焉。

注：交为老阴，变而成单，六变七也；重为老阳，化而成拆，九化八也。

以七八九六言之，则有消长、成败、进退、昼夜之象；以喜忌言之，则有生克往来、日月破败之分也。

注：《易》以奇偶老少著象，卜则专以用神察变爻而定吉凶。

上下皆少，勿以暗动而言变；内外有老，勿以宗庙天爻而不之。

注：《易》云老变而少不变，爻非六九，皆不变也。《易》有用九用六，则爻爻可变，岂以宗庙天爻而不变乎？俗传暗动亦变，上爻虽动不变，皆误也，特为正之。

夫占，先求用神。用神衰旺，初观动爻之喜忌；动爻衰旺，再观变爻之喜忌。

注：若用爻衰，即观动爻，来生则喜，来克则忌。动爻之衰旺，再观其所变。如午建壬戌日占财，得困之坎，木死于午，亥子元神衰弱，本不为吉，不知亥化长生，元神反为有力，后果得利。

再观他动爻之喜忌，再观他动变爻之喜忌。

注：他动爻与他动变爻，是我喜者，喜其生旺；是我忌者，喜其衰囚。如未建壬申日占兄弟病，得同人之旅，卯爻元神生用，本无伤害，然申爻克我卯爻元神，后至酉月丁亥日，其病不治，此他动爻之喜忌也。如戌建庚戌日占官，得剥之渐，子动生卯，卯动生巳火官星，宜应升迁。谁知子化巳绝，不能生卯，卯化申绝，不能生巳，巳官入墓，后逢亥令解组。此他动变爻之喜忌也。

生生克克，当明中有破散而生不相续者，中有制伏而克不相继者，中有暗动爻以绵其生者。故虽诸爻乱动，以用神求之，则一贯矣。

注：如申建酉日用财，而遇丰之萃，申亥卯动，生生于午矣，中有卯被酉散，不续其生，反亲其克是也。酉月破卯亦然。设如寅建未日用官，遇临之蛊，巳日酉动，生生来克于卯矣，中有丑被未散，而酉反被巳制，不续其克，反得其用是也。酉爻破散亦然。如戌建辰日用兄弟，而得乾之家人，寅午忌仇皆动，并力来克，中有戌爻暗动而绵其生也。

用神变生而吉，变克而凶，易见之理也。用神绝而适逢动生，生爻又变，不可不察也。六爻皆动，则六爻皆察其变，变爻之力岂不参于日月乎？

注：爻爻有变，爻爻当察，一以用忌元仇及泄气参之。

虽然惟日月能制变爻，变爻未能制日月也，然日月克我，变爻来生，犹绝处逢生也。而变爻不能避于旬空月破，故变爻弗及日月也；动爻不能避于化冲变绝，故动爻弗及变爻也。卜筮之道，日月为重，动变次焉。

注：如亥日月用世爻，遇遁之乾，是日月克我，变寅生我，谓之绝处逢生。或在申月，或当辰旬，则所变寅木遭月破旬空，不能生矣。

虽然有爻变，有卦变，六合之卦，谋事必成；若化六冲，则无终也。伏吟反吟，生克墓绝，皆卦变也，容可忽乎？

注：义例俱详后章。

夫卦变之中，且有互焉。互，交互也，中四爻之扭也。有变先以之成内，正成外，无变则以悔成内，贞成外者，何也？筮得其动，则易之情现乎动，故先之；不动则易之情备在贞悔，故从之。

注：有变爻，即以变卦二三四爻为内卦，以本卦三四五爻为外卦。无变爻，即以二三四爻为内，扭悔一爻而成贞；以三四五爻为外，扭贞一爻而成悔。

互之为法，因飞伏变卦之内无用神而后求也。取其二体配之六亲，究生克于日月动爻之中，而吉凶见焉。

注：戊申日占子病得晋之剥，飞伏变象皆无用神，互比外见坎水为子，动爻生之，后至亥令而痊。若五月占坎子当破，甲寅旬占坎子当空，虽互见无用也。

故互象虽轻，理之所有，别传所列对卦、交卦、反卦、倒卦之例者，均无取焉。

注：如天风姤与地雷复为对，如巽卦与睽卦为交，如屯卦与蒙卦为反，如讼卦与需卦为倒，此无当于义理也，皆删之。

飞伏章第十二

飞伏之法，意在用爻，筮而无用则求之，筮而有用亦察之。

注：飞伏，谓飞象无用神，而求伏象用神。然或飞象有用神而衰绝，亦察之伏中。如子建戊寅日占官，得困之兑，飞象午官临身为用，当子月无用矣，谁知世下巳官伏神长生，孟春反应迁级也。

当先究飞上之用神有病无病，而后求伏下之用神有用无有。何谓之飞？变而游于上下。何谓之伏？从而互于阴阳。

注：自十六变章循环游于上下，游魂四世而出，归魂三世而返。阴阳相互，前后相从，故天地、雷风、水火、山泽互为飞伏，如乾伏坤，坤伏乾是也。由一世及五世，相从相包，故皆以本宫为伏，如姤、遁、否、观、剥伏乾是也。游魂游出他宫，变自五世，故外伏五世之外卦，从也；内伏两仪之内卦，互也。如火地晋伏山天大畜，外从艮，内互乾之义。归妹归魂，归入本宫，故内以两仪之伏，外以本宫之伏。如火天大有伏天地否，内互伏坤，外从伏乾之义。他卦仿此。

其所谓专主者，乃世下爻也，动下爻也。动下伏爻，力不及世下伏爻之半矣；静下伏爻，力又不及动下伏爻之半矣。

注：法云：六爻皆有飞伏神，惟有世下一爻为最要。盖飞犹动也，吉凶悔吝生乎动，是以动下伏神亦有取尔。

是以定吉凶者在乎时，分轻重者存乎力。有伏而出，有伏而不出，当研之也。

注：时谓日月也，力谓得日月生扶也。

所谓飞生之伏、飞助之伏、飞空之伏及伏克飞，四者谓之出也。

注：飞来生伏，谓飞生之伏；飞伏比和，谓飞助之伏；飞值旬空，伏爻易出，谓飞空之伏。倘飞爻旬空而遇日冲，全实者不露，不全实者少露也。伏克飞爻，不拘飞破死墓。此四伏能出也。

其有飞克之伏、飞破之伏、飞散之伏及伏绝飞，四者谓之不出也。此皆以静爻言也。

注：飞来克伏，谓飞克之伏；飞爻月破，谓飞破之伏；飞爻休冲为静散，谓飞散之伏；伏爻绝于飞爻，虽飞生伏、伏克飞者，亦谓之伏绝飞。此四伏不能出也。

若世与动爻之下者，惟飞克伏、伏绝飞二端不出，余皆得出也。

独伏生飞，动爻世下者出之半，静则不出也。尚有伏爻空破，虽能出而实不出，如伏爻日月虽不出而同出也。

注：此言伏出之全半。伏爻自遇空破，犹物已敝，纵值莫起。若旺相空亡，过旬复出。若伏爻临于日月，虽处四等不能出之伏，而日月高悬，势同出也。

是故其一世下伏，其二动下伏，其三静下伏，各有强弱。用既出矣，则所应灾祥悔吝与飞神类焉。然而用伏不及飞，用日月悬虚不及伏实也，学者辨之。

反伏章第十三

冲击悖违，谓之反吟；神忒气分，谓之伏吟。盖六九之贞悔则是，七八之贞悔则非。唯动则变，变则反伏兆焉。

注：化冲曰反吟，化去曰伏吟，皆以卦有交重而成，彼静配反伏者误也。

反吟视伏较重，然有卦反爻反之别，真伪轻重之分。

注：用地禄诀“戌亥乾冲辰巳巽，未申坤冲丑寅艮，卯震酉兑子坎午离相冲”也。如乾化巽，巽变乾；坎化离，离变坎；谦之剥，剥之谦；归妹之随，随之归妹；同人之涣，涣之同人；师之贲，贲之师——此内外反吟也。余卦仿此。如大有之鼎，此内反吟也；如大过之恒，此外反吟也。余卦仿此。

日月从往，空破从来则非。

注：凡所得卦属，或临日月，所变卦属，或值空破，是日月乃从所往，空破乃从所来，亦非真反吟也。如戌建或亥日，遇乾之巽，此日月从往；午建或甲寅旬遇离之坎，此空破从来之类是也。

空破从往，日月从来则重。

注：凡卦值空破而化反吟，卦变日月则凶，以先自坏，复被冲也。如兑之震，遇卯日月，及在甲戌旬之类是也。

半从往、半从来则轻。此所谓卦反也。

注：有一半值空破，一半值日月，则半凶而轻也。如未建坤之艮，或甲戌旬艮之坤类是也。

爻反者，日月在动、空破在变则非。

注：此言爻神反吟，凡日月在动爻，或空破在变爻，非真反也。如巳化亥爻为反吟，倘遇甲子旬及遇巳日月，则非也。

空破在动、日月在变则重。

注：先空破而化日月则凶，如卯化酉爻，倘遇甲辰旬，及遇酉日月则凶是也。盖日月如天，诸爻莫敢当；空破如病，诸爻莫能支尔。

动爻冲散，虽变空休亦重。此所谓爻反也。

注：若动爻与卦内动爻自相冲散，虽化旬空休囚之反吟，亦凶而无用也。如寅建甲子日占母病，得坤之巽，卦中巳父先与亥财冲散，化亥反吟，纵空而亦不救也（后验），况休囚之爻乎？

邦畿国祚，内反吟而社稷摇，外反吟而人民乱。出师征伐，内忌而外喜也。卜旧住，内卦现而有非常。迁居，外卦兴而生不测。入宅，反吟在内，则居宅不宁；反吟在外，则诸人失利。与人斗者，内反而我受伤，外反而彼遭辱。缉捕，以内为亡，遇则我生事绊；以外为逃，逢则彼触网罗。疾病，而主属恰逢反吟者，大凶。

注：主属即乾父、坤母、震长男、巽长女、坎中男、离中女、艮少男、兑少女是也。如寅建癸酉日占长子病，遇震之兑，子遇长生，本主无事，兑乃反吟，后仲伙而卒，不论其用也。

如坤艮皆土，应相助，然寅申丑未相冲，有不利少男老母之象，不论其助也。大凡爻之反吟，用神遇之而凶；卦之反吟，有忌不忌。

伏吟之法，止以乾震交互而名也。夫以八卦言则乾克震，以主属言则长男伏吟，以木言则养戌生亥，各有轻重之戒。日月在卯则震往不成咎，日月戌亥则乾往不罹凶，亦有真伪之分也。

注：乾之所纳，子、寅、辰、午、申、戌，震纳甲亦同，故谓之伏。然无卦爻之别，日月不可摇易，故分忒纵伏，弗成凶咎。

筮长男身命，得豫之否而后为君戮，以震受乾克也；筮老父疾病，得乾之震随亡，以乾化神忒也。此外唯国事、征伐、住基三者忌之。俗传八纯为伏吟，未济既济为反吟者，岂通人之论哉！

注：吉凶生于动，动则变，而后反伏以分。古有化反吟伏吟，无配反吟伏吟也。

归游章第十四

自他宫而入曰归魂，自亲宫而出曰游魂，是往返之卦也。吉凶大旨，不系于斯，惟世为用者则参观焉。

注：魂犹神也，归游之本，从世而来，因变以立。

我止欲久，游魂则不久；我行欲出，归魂则不出。彼留可常，游魂则不常；彼往可必，归魂则难必也。夫游魂之为象也，变迁而不恒，惶惑而不定；归魂之为象也，忐忑而不正，拘泥而不行焉。

注：故先贤曰：“归魂不出疆，游魂心不定。”

于坟墓曰亡，于身形曰心，于疾病曰神，于神像曰灵。游魂主动，而归魂主静，亦随卦爻之喜忌而断之，不可执也。

注：占坟墓，游魂则亡者未安，归魂则亡者入室，京夫子所谓“游魂归魂为鬼易”是也。

升降章第十五

升，犹生也、长也、进也、来也；降，犹死也、消也、退也、往也。天地之间，惟阴阳之消长；六合之内，惟六气之往来也。是故一阳升则六阴降，从复左旋于乾也；一阴长则六阳消，从姤右旋于坤也。

注：自震而履离兑以至于乾为左旋，自巽而履坎艮以至于坤为右旋，则乾、兑、离、震、巽、坎、艮、坤为次，而易立焉，详见成卦篇。

三才由此而备，万物自斯而成，无不由乎四象六爻，上下往来之中。以复言之，其初为升爻，其上为降爻，若二月占之，则四爻阳为升，三爻阴是降也。盖升降务以占时言，毋以卦体言也。

注：卦体升降，如复一阳升六阴降则是矣。然升降之法，取用占时。设如春分后占，乃四阳升、三阴降之时也，即以所占之卦，凡逢四爻为升爻，三爻为降爻。但四爻若属阳爻，则为真升；三爻若属阴爻，则为真降。反之则非。复卦可玩，余皆仿此。

期日卦爻，以谓冬至法颐六四者，而震、兑、坎、离弗能均布其中，因寘于升降之外也。

注：其法以冬至日起山雷颐之六四，一日行一爻，一月行五卦，一年共六十卦。而震、兑、坎、离，加于二至二分之时，弗能自然，故寘于升降之外，独河洛变数理贵之。

凡正月小过、蒙、益、渐、泰，二月需、随、晋、解、大壮，三月豫、讼、蛊、革、夬，四月履、师、比、小畜、乾，五月大有、家人、井、咸、姤，六月鼎、丰、涣、旅、遁，七月同人、节、恒、损、否，八月巽、萃、大畜、贲、观，九月归妹、无妄、明夷、困、剥，十月艮、既济、噬嗑、大过、坤，十一月未济、蹇、颐、中孚、复，十二月屯、谦、睽、升、临。如此序尔。

盖用神居升则日大而月新，用神居降则日消而月削也。是故升降之法，兼参用神衰旺，亦未可执一而论也。

注：升降不及进退之力，又必参看用神。用神旺相，升而更吉；用神休囚，降而更凶。不可执升降以定旺衰也。

进退章第十六

吾闻天道一日一周，而黄道日不及天之一度。顺轮而前者谓之进神，逆轮而后者谓之退神。是以亥变子而前进，未变辰而退后也。

注：进神右顺行西，退神左逆行东。

同行之化，则有进退；异行之变，则惟生克。是以申变未而为生，丑变卯而为死，岂以进退言哉。

注：同行，五行同类论进退，不同类论生克。

夫进神之法有三：一曰大进，二曰不进，三曰不能进。盖动旺相而变日月，乘势得位，谓之大进；动日月而变空破，无阶无路，谓之不进；动破散而变日月，我位既失，何以得前，谓之不能进。

注：如午建甲戌日用官，得革之同人，未变戌者是大进，未已旺相，戌乃日建，此动相而变日也。卯建庚申日用父，得丰之革，申变酉者是不进，申乃日辰，酉已月破，此动日而变破也。申建癸卯日用子，得屯之节，寅变卯者是不能进，寅已月破，卯虽日辰，

此动破而变日也。

退神之法，亦有三：一曰实退，二曰不退，三曰不及退。盖动休囚而变休囚，是乃从流忘返，谓之实退；动日月而变空破，我德克备，谓之不退；动破散而变日月，溃败难收，咨嗟何及，安能退哉，谓之不及退。

注：如午建辛巳日用财，得兑之随，卯爻休囚，化寅又休囚，是休囚而变休囚，乃为实退；寅建丙戌日用父，得乾之夬，戌乃日辰，物无可伤，虽化未空，亦不退也。申建癸卯日用兄弟，得兑之丰，酉已冲散，物不能扶，虽变申为月建，亦不及退也。

凡进以成得，退以败失。用神成败，吉凶分焉；元忌旺衰，灾祥见焉。化进有日昌之势，乃功名得志，身命荣昌，嫁娶财求，往而遂意，若忌神遇之，则忧方大尔；化退有道消之嫌，然灾祸渐弭，讼衰病退，寇贼无侵，若用神遇之，则未易得志也。

注：用神元神欲其进，忌神仇神欲其退。

故进而得日月生扶，其力愈盛；退而得日月制服，其气愈衰。盛衰以时，从舍以类，而吉凶尽矣。

注：既审进退，兼参日月，而旺衰益见。

有无章第十七

易法之要，其在用爻，然当辨本无而有、本有而无之义，始为无惑。

注：俗学但以用爻上卦为有，不上卦为无，岂能通微刻验！

本无而有者，其法有三：六爻无用而用藏伏爻，遇生扶于世动之下者，一也；伏受空破，或遭制克，而察日月临用神之上者，二也；日月飞伏总无，而互卦变爻之间，用神一逢生旺，三也。

注：一飞无而伏有，一飞无而日月有，一飞伏日月无而互变有。飞重于伏，伏重于日月，变重于互也。

本有而无者，其法亦三：用虽上卦，正值月破，一也；死绝无救，衰遇旬空，二也；发动交伤，日月互克，三也。

注：此皆用神受伤也，然当权其浅深轻重。

自无而有者，来事喜之，去事畏之；自有而无者，退事宜之，进事恶之。

注：专分用忌为好恶，各以类推得之。

自无而有者，功名荣禄，意外遭逢，财利子嗣，晚年忽遇，而官非灾盗，亦起无端；自有而无者，反此推之。凡推用神，虽遇动现独发，若不逢旺相及有制无救，均为无气之占，学者审之。

注：本有而无，本无而有，皆非常占。盖人事之变，鬼神之不测两有之，非深思曲晰，未易得趋避之正也。

墓绝章第十八

爻有生旺墓绝，卦亦有之。卦之为用，反胜于爻，盖卦包爻外，大象既凶，而不及小吉也。

注：此专言卦体墓绝也。

卦莫凶于墓绝，或墓冲绝破，或值空亡，则非真矣。或本卦临日月，亦非墓绝。如离变乾为墓绝，若午日月或甲子旬，是伪非真；若逢日月填实其乾，则为凶象矣。又有墓而不绝，绝而不墓，均非真也。

注：此辩墓绝真伪也，如墓绝遇空破非真，日月填实则真，墓绝一缺非是。

墓绝之用，唯国事、出师、身命、住基、疾病五者之忌也。国占岂曰灵长，师占我军或溃，身命疾病，主属而凶，守不利内，迁不利外也。

注：卦化墓绝，诸占不宜，而五者尤凶。

墓绝之外，空破当参。内卦空破，不利旧居；外卦空破，岂宜新宅？空谓之多虚，破谓之少气，国事出师，皆非宜也。

注：空破稍轻于墓绝，唯疾病不忌。

是以八卦之化惟五，五行之化乃十二。是故坎化坤为克，水则养生；震化坎为生，木则言败。此八卦五行之分者，类此推之。

注：唯五，金、木、水、火、土也。十二，长生、沐浴、冠带、临官、帝旺、衰、病、死、墓、绝、胎、养也。

卦候章第十九

夫五行以旺、相、休、囚、死之分，复有长生、沐浴、冠带、临官、帝旺、衰、病、死、墓、绝、胎、养之义，而八卦岂无旺、相、胎、没、死、囚、休、废之用哉？然以月令言，毋以日时言也。

注：八卦旺相休废之法，诀云：立春归艮土，春分震木齐，立夏时当巽，夏至本寻离，立秋坤土主，秋分兑泽奇，立冬乾旺处，冬至坎方宜。当权八卦临八节，逐卦循环细细推。

阳之生也，气有十二；阴之生也，亦气有十二。阳之候三十有六，阴之候亦三十有六，是以岁有七十二候也。

注：阳生候十二气，如冬至、小寒、大寒、立春、雨水、惊蛰、春分、清明、谷雨、立夏、小满、芒种；阴生候十二气，夏至、小暑、大暑、立秋、处暑、白露、秋分、寒露、霜降、立冬、小雪、大雪。一气三候，阴阳各三十有六，合得七十二候为岁。

冬至坎旺，艮相；春分震旺，巽相；夏至离旺，坤相；秋分兑旺，乾相。卦旺三气，亦有一候之余旺；支司六候，亦有一候之先司。

注：如立春艮旺，至春分后艮尚旺五日，未即废也。支神主一月之权。如巳司六候，而未及巳五日，其巳已得气，盖余寒兆暑之义。

夫一阴一阳，生子午之半者，南极北极之道，穷而复返也。

注：日行南极，冬至而还北；日行北极，夏至而还南。还北，则日轮之行舒，而日加长；还南，则日轮之行疾，而日渐短。惟二分日行赤道，乃得其中，故以冬至方旺于坎，夏至方旺于离。盖震兑得东西之经，坎离得穷返之理，自然之妙也。

故冬至始起于坎，而旺、相、胎、没、死、囚、休、废，终止乎乾。则坎艮旺相三气，谓旬空而弗空也；震巽胎没三气，谓囚而不囚也。

注：如冬至后坎旺艮相，丑建甲寅旬筮坎，则过旬弗空；复如丑建得震巽，则言胎没之卦，而弗为克我者囚也。

盖旺、相、胎、没，或当日之冲而不云冲；死、囚、休、废，或当日之建而不云建。此卦候不与爻神同也。然其所用，独以邦畿住宅为先要焉。

注：若震值旺，遇酉日而不为日破，仍论其旺相；坎值死，遇子日而不为日建，仍论其死囚。以卦候司四十五日，所概远也。

干化章第二十

天干曰五运，地支曰六气，是以能成四时而造万物也。五运施之，六气成之。运施未形，气分有迹。是以浑天甲子，配财、官、父、兄、子于地支，而不及天干也。

注：干以气化，支以形化，卜重地支，亦有参用天干者。

然则天干无所用乎？圣人纳甲，支干同纳，干以干取，支以支求。卦无用爻，而遇动象上之天干，与日月之天干，亦合化而为用，但化用而逢日、月、动、变生扶则有，克破则无。

注：如辛卯年丙申月丙子日占子存亡，得观之萃，以为子孙不现，乃应凶象，而不知丙辛化水，后及亥月甲辰日，乃申子辰会成水局，亥月值于所变之亥，子孙反得平安而归，则五化之验如此。

化用之吉，求名求利，意外可成，捕逃不获而自见，索负失望而复全。避患化官，恐遭不测之殃；虑讼化鬼，倘犯无端之惊。此其象也。

注：干化吉凶，俱当得之意外。

五化之法，亦有由来。五虫之变化者，莫变化于龙，故经云“逢龙则化”也。五遁甲子，甲己化戊而成土也，乙庚化庚而成金也，丙辛化壬而成水也，丁壬化甲而成木也，戊癸化丙而成火也。龙阳物，五化皆阳也。故天干以运化成物，地支以气变应事，干支岂可失一哉！

注：逢辰则化，如甲己遁丙寅，戊辰乃龙，因化土也；乙庚遁戊寅，庚辰乃龙。后仿此。

一动为法，再动次之。日干为法，月干次之。六气用常，五运用特。

注：特，独发也。独发与日干化合为要，然必因飞伏无用爻，而后求此法也。两动，偶一用之，不可恃也。

易冒　卷三

岁君章第二十一

夫蕴周天之用，司六气之柄，继寒暑，分春秋，惟太岁主之，有君道焉。

注：周天，谓黄道传次十二神，继三百六十五度二十四分二十五秒之数。六气，阴阳六气。

其权则大而久、静而尊，若以定悔吝吉凶，则有其位而未亲其司也。

注：其吉凶之应，生克冲合，皆不及日月，谓其尊而不亲，高而难仰也。

是故与爻神冲，谓岁破而不破；与爻神合，谓岁援而不援。生而不即生，伤而不即伤。空则可空，破则可破。

注：太岁与爻神相冲，但名岁破；若克爻神，但名岁克。值鬼但名岁鬼，未即为凶，故太岁在旬空则空之，在月破则破之。

国占而现，喜静旺，忌破绝。无现则专论五爻，岁时降鬼而为海内殃，降福而为天下康。

注：太岁现为君象，不现则但以五爻为朝廷。太岁值鬼，九州灾厄；太岁值福，四海泰康。

身命福持而生平安乐，家宅鬼会而岁月迍邅。仕宦则职崇台阁，词讼则事渎宪司，事干朝廷。喜生合世爻，忌冲克身象。

注：凡上疏面圣请封等事，皆喜太岁生合世爻，则上合君心；太岁冲身象，则忧严谴。

月将章第二十二

夫天地变化，阴阳消长，往来寒暑，各有其时，谓之曰令。则五行万物，皆从令而生杀，月将得无权乎？

注：记曰："月建乃万卜之提纲。"《补遗》曰："月将出令于三旬，往来咸服。"盖能令则为权，故令于水则寒，令于火则暑，令于春则生，令于秋则杀。

凡爻神值此，破而不破，伤而不伤，卦中无而若有，爻内绝而不绝，动逢冲而不散，旬逢空而不陷。用神遇此而吉，忌神遇此而凶。

注：凡爻神若值月将，纵遇变冲、动冲、日冲、岁冲，皆不为破，或动爻、变爻、日辰克之，不为伤。倘卦中飞伏如无用神，而月建值用则有。忌神若动于卦内，则逾月而方毙；元神若动于卦内，则当月而呈祥。

惟日辰能以相胜，后时能以相敌，盖物穷则变，器满则倾之义。

注：日月之力相较，若月克日生，吉得十之八；日克月生，吉得十之七。日散月破而不相救也。夫用占后时，以后来得事之月为凭。如亥建丙寅日占考秩得萃，官临月破，本不为吉，而在次年孟夏方考，反为月建官爻，得上上卷。

其为力也，能裁制旺相发动及变伏互之神。其为权也，岁君亦弗夺之。

日主章第二十三

夫周天包四时之成，立二至二分之节，荡摩六气之消长，非独赤道如是焉。盖日行黄道，昼夜之内，亦一周天，日主得无权欤？

注：赤道即天度也。天无形，以经星为形。阴阳寒暑，虽周天所包，而一昼夜之间，天一周，经星亦一周而缩，日行一周而又缩。日与月会，计二万九千五百三十零五十九秒三微之数，以月犹不及日十三度七之一。所以日主之权，得中道而无所不赖也。

故日主所临，莫能破之，莫能空之，莫能散之。如金如刚，孰之能伤？用神遇之，谓之尽善，忌动何忧？仇动何虑？惟月将则敌其所司，他时则夺其所持。屈伸之义如此。

注：用临日主出现卦中，忌神仇神发动，皆不为害，月将亦不能克。惟日主为元神生用，若月将为忌克用，则夺其权十分之二。若得事他日，即以他日为主。如辰建甲寅日占会，得师，午财生寅，当得，而在癸亥日摇会，火绝于亥，反不得也。此屈伸之义。

故与日月配爻象，月将则先从五法，而后从十二法，日主则专务长生沐浴之法。是以日惟散，月惟破；日重绝，月重克；日有随墓，月无助伤。占者宁不以日主为先也？

注：若以日月配爻象，用神投月将，则先论旺相休囚死，后论长生、沐浴、冠带、临官、帝旺、衰、病、死、墓、绝、胎、养之法。如土爻用神，遇于巳月应相，其绝则轻，虽不可谓无绝，相与绝较，得相犹十之七。如遇申月，其土则休，以生较休，得生犹十之七也。若日辰之生绝则独重，金遇巳而生者十之九，土遇巳而绝者十之九，唯以长生十二法而定衰旺。

时辰章第二十四

时，由四时之相推而成年也；辰，犹五星之次编周天也。以昼夜效寒暑，以朝暮譬春秋，按六气成八刻，而呼吸之内，皆时辰所司也。

注：十二时为一日，三十日为一月，十二月为一年，三十年为一世，十二世为一运，三十运为一会，十二会为一元，计十二万九千六百之数也。但时刻改于须臾，迁于呼吸，其权司只在一日之内尔。

其要唯推长生十二法以应用神。然爻神与时冲合，则但有冲合之名，而无深中。能应日内之吉凶，弗应日外之休咎也。

注：如午建己巳日占临产，得姤之鼎，胎空身动，理应当日申时可育，谁知亥子绝于巳日，且实其空，至次日申时方产。可见先求日而后求时也。

是故其为力曰近、曰轻、曰小、曰速；其为象，曰卑幼。故传曰“时辰司顷刻之权”也。

月破章第二十五

物以时而消息，则五行之衰旺亦然。夫建为六气之正，破为六气之反。以用处正，名为月建，犹乘时而驾也；以用处反，名为月破，犹违时而戾也。

注：阳正阴反，阴正阳反。如巳月巳为六阳之正，则亥为六阴之反，于巳则得时，于亥则失时也。夫人生五行之中，不可违时，违时则困。是故君子审进退盈虚之理，兆如悔吝，宁守其困，卜如否臧凶，宁守其常，求如少遂，莫若待时，所谓“居易以俟命”也。若背而驰焉，躁而求焉，宁有幸乎？君子审于建破吉凶之象，而困亨之道得矣。

是以生之不长，扶之不起，实如虚，有如无，为我援而无赖，为我忌而弗伤，在伏则不露，在变则不权，名之曰破，而无所施用也。

注：爻神若逢月破，纵日辰、动象、变爻、生之，亦不能昌，纵在变爻，不能生克动爻；主在伏象，不能现为卦象，乃失时无为之物也。

唯值日则能实其破，后时则能补其过。若与鬼动，吉而不吉，凶而愈凶，以白虎杀神加临尔。

注：大白虎为凶神，合官鬼动者，妄为肆暴，岂非殃乎？值日，如五月子日则谓实其破而不破；后来日辰遇子，亦谓实其破而不破；后来月建遇子，亦谓补其失而不破也。

旬空章第二十六

空亡之法，轻重有别，或年空，或月空，或日空，或时空，未可概用，惟旬中空为重焉。

注：年月时空存其名，独日辰旬空为真。年旬空偶一考之，如己亥生人，自筮寿命，于己未年寅建癸亥日得大畜，当推其七十戊申，乃甲辰旬空寅卯之类是也。

旬空之法，当审建空、动空、填空、旺空、相空之义，半空、援空、安空之法。

注：月建值空，谓建空，犹不空，反有用也。动爻值空，谓动空，不惟不空，反为动也。若日辰来冲，又不为散，反为全动，以其空逢冲实而复动焉。空爻遇冲为填空。若有旺相生扶，乃为填实；若遇休囚伤克，乃谓不全填实也。旺相之爻值空，为旺相空，必以日辰参之。若日辰亦生扶，乃谓真旺相空；若日辰克之，即为克空；若日辰泄其气，即为半空。此皆空而有用也。半空即上文所言。动爻日辰来生空爻，乃谓援空。日月动爻皆不来克空爻，乃谓安空。此皆空而不死也。

破空、绝空、真空、克空、伤空之戒，凡十有三法，此旬空之秘也，然后分好恶轻重而考其吉凶焉。

注：月破值空，谓破空。绝于月为绝空。“春土夏金秋是木，三冬知火是真空。”若辰戌丑未月，又以水为真空。盖月建来克，便为真空。所以破绝真空，皆系于月建之上。得一日辰或动爻来生，即成克空，轻于此也。如日辰动爻或一来克，即谓伤空，重于此也。是皆所戒之空尔。大抵旬空秘要，在日、月、动三象考求。日月为最，动爻次之。克倍生扶则重，生扶倍克则轻也。

是以空于忌则吉，空于用则凶。故求事之成，财之得者，不可遇之；欲其来，求其有者，不可遇之；占久不可空，占在不可亡。此六者乃空于用也。

注：如谋望，世空我求不遂，应空彼意不偕之类。

凡事之将避焉，将弃焉，将脱焉，将绝焉，将欲其不在焉，此六者乃空于忌也。

注：如占避祸，鬼空则可避；如占脱役，鬼空则可脱之类。

盖空居变爻则无司，空在伏爻则不现。

注：变爻若空，不能生克动爻，故曰无司；伏神若空，不能

透露卦象，故曰不现。

空居六亲称其用，空临六神较其事。

注：六亲谓财、官、父、兄、子。《补遗》曰：“财空富而厚，官空贵而不荣，子空儿女必伶仃，父空屋室还衰败，兄空则弟兄少力。”法曰：

青龙空亡怀虚喜，朱雀空亡讼自已。

勾陈空亡田甚芜，螣蛇空亡妖不起。

白虎空亡丧服櫜，玄武空亡盗贼弭。

世应空而分彼我之求，内外空而分新旧之基，间身空而分人己，阴阳空而分男女，出现伏藏空而分远近。五行旬空之则，是学易之模范也。

注：中人强弱忌间空，祸己有无喜身空。男人阳空则弗出，女人阴空则防疾，非谓男女空而弗分阴阳也。近事忌出现空，远事忌伏藏空，非谓出现空而伏藏不空也。

日冲章第二十七

日冲安旺之爻为暗动，日冲静衰之爻谓暗破，空爻遇冲谓之实，动爻遇冲谓之散。凡有四法，此日冲之要理也。

注：如辰建卯日，坤酉子孙，谓之暗动，即半动矣。如午建酉日，离卯父爻，谓之暗破，即半碎矣。如午建戊辰日，乾戌世空，谓之全实；亥建戊子日，艮午父空，谓之半实也。如动爻遇日辰相冲，苟非月建，则谓之散，及动化冲亦散，或他爻发动来冲，若彼强我弱皆散。夫散，犹空也，则全无矣，纵有生扶，

不可救药。

其为墓冲、胎冲、克冲、绝冲，亦有四法，此日冲之分称也。

注：辰、戌、丑、未为墓冲，不论旺相休囚，静遇为暗动，空遇为填实。子、午、卯、酉为胎冲，旺相则静为暗动，休囚则静为半散，空为半实也。如子酉之日，来冲午卯，虽旺相亦为克冲，其吉但得十之七矣。寅、申、巳、亥为绝冲，纵旺相，静不能为暗动，空不能为全实，盖绝冲与克冲同也。克冲有三：子酉之日为克冲，少轻；申亥之日克冲，绝而又克，故重也；寅巳之日绝冲，又重于胎克冲尔。

其暗动，或临于元神，或临于忌神，或临于用神，各随其处而用之。若仇忌两发，而元神值暗动，犹得绵续生生也。然为吉凶之力则半，迟速之报则缓，灾祥之应则暗。如萌如窟，若启若击，用而喜之，忌而恶之，其机如此。

注：暗动之力不及动爻之力。

岁时之冲则不然，盖年用远而不言冲，时用近而不言破，是以日月之冲，非远近之比尔。

遇时章第二十八

吾闻用神得令则吉，失令则凶，理之常也。然有当时后时之用，岂可执一而论哉。

注：得令失令，言其常也。事在后期，则勿执时令。

故占于此月之得、此日之得，则用神当时为吉；若彼月之得、彼日之得，则用神当于彼时之令吉焉。盖夏月出而冬月入，水用为嘉；亥日问而巳日求，火用为善。

注：《补遗》曰："冬藏夏货，宜巳午之财爻；秋放春收，喜卯寅之妻位。"如寅建辛亥日占丁巳摇会，得节之中孚，巳财绝于亥日，兄动夺之，理不应得。然丁巳财当以丁巳日求之，而甲寅旬子兄值空，是日果应得会，可见遇时为卜筮之要。

夫用神得于此时之令，则失于彼时之司；得于彼时之司，则失于此时之令。吉凶相胜，可不深辩乎？若随常之问，恒远之求，即当以占时用神得令失令而定灾祥，以其无时之可据也。

独发章第二十九

吉凶之应，鬼神之情，必兆以动而告我也。是以卜筮之道，求用象为枢机，而察动爻为情状。惟一爻动而五爻之不动者，五爻动而一爻之不动者，事应之来，不验于用神，而验于卦象也。是以一爻独发，其占九六；一爻独静，其占七八。则由志动而鬼神知，鬼神知而吉凶生。吉凶之生由于动，所以重于动而轻于用也。

注：大吉大凶，虽不系于独发独静之爻，然鬼神之情常显机于此。

夫占事之法，不可舍用神而求动爻，间有事验于动爻者。如占行人，得甲子爻动而甲子日至；占病人，得丙子爻发而丙子日亡；避火，遇甲午官兴而是日遭回禄；求名，遇丙戌父动而是岁反登科。

注：酉建甲子日卜子归期，得夬之大过，月建子孙，是月应至，卯冲酉，子宜在丁卯日到，而当日甲子即归。午建己巳日卜妻病，得大畜之小畜，月破妻爻化绝，应在当日即亡，后待丙子日而死。

未建戊午日占家宅，得乾之小畜，本应火灾，庚午壬午不应，至甲午日而回禄，以夏至后先壬而后甲也，明矣。壬午年巳建甲戌日占功名得剥之晋，常法以子、午、卯、酉乡举，后因鼎革，改丙戌而发乡科。以上皆验于独发，故虽不离用爻，而亦不执用爻也。

如求财遇否之临而占八，乙卯日而得财。访友遇遁之节而占七，壬申日而会友。尚有己巳之静而应于他卯日者，亦或验之也。静而独发，以值以合；动而独静，以值以冲。然必杂取用神忌神，而当其爻象者，则信无失矣。独动独静之法，则犹古昔之占验云。

注：如寅建己亥日占求财，得否之临，卯财长生，兄破不克妻爻，主应有财，不得于癸卯而得于乙卯者，日值干支财也。未建丙午日占访友，得遁之节，应爻在壬申，是以壬申日遇。巳建乙丑日占子归，得睽之咸，而应丁卯日至。盖一爻之静，不惟验于相值，亦验相冲；一爻之动，不惟应于相值，尤应相合。决日之秘，仍看用爻。

或曰，独发独静，止为吉凶告兆也。如求财遇财旺而有财，求官遇官旺而有官，行人遇用神生克而定其迟速，病人遇用神衰旺而决其死生，然后以独发独静之爻定其时，则每有验。此为论之中也。

注：独发独静可以定时日、察事应，若遂以定吉凶，则须审用爻，不可执也。

两现章第三十

夫用神之两现，将何主焉？必以其有伤无伤而定取舍也。

舍其有伤，取其无伤，则可得一其主也。法所谓“用得其用则吉，不得其用则凶”，是故舍其无用而取其有用也。若两求之，则吉凶不定矣。

注：伤谓旬空、月破、冲散、克伤之类。

然一动一静之用，犹有别焉，舍静取动，以动为事之兆也。不能得用神于飞爻，而求用神于伏象者，舍飞从伏，必以日、月、动爻之扶挈用之。

注：飞用被伤，当索伏用，日、月、动与配，相生而从，相克而舍。

后时生旺死绝，亦以不伤之神为论。是故未丑为用，而丑空未实，而败于丑月者，谓未实而丑破之也。

注：后来日期，取配无伤用神，不可并索。如亥建戊午日占脱货，得大过，遇子月价贵，遇丑月价贱，是论丑破未，而不论建丑也。

夫鬼神之于蓍不妄动、不徒现，必有所告也。是以卜男婚而两官者，竞相求也；卜女婚而两财者，交相与也。词讼两官，则非一狱之事；失脱两鬼，则是三同之偷。仕路两官而再加署敕，考场两父而复试文章。官主也，父头也，营谋重之而系两头两主；妻财也，子福也，身命逢之而多福多财。忧害二鬼而戒内外之惊，理财二妻而得往来之息。子孙两现而占嗣者，膝下有真假之嗣；弟兄两现而占交者，座前有名实之友。

注：卦中用爻两现，推之人事，必有其象，用则喜而忌宜称也。

卜居官遇乃二氏之同居，营葬鬼遇乃二亡之合葬也。所以戒文书者，父重而有交章之论也；忧官鬼者，鬼重而有连绵之祸也；恶兄弟者，兄重而有繁兴之费也。鬼伏鬼为新旧之病，官化官为起倒之词。

注：两现之象，最不易明，故详列于此，因事求之。

盖两现于飞伏者，则取较之；两现于变互者，则勿取较也。其升、观二分之卦，八纯二土之象，皆有成格，故无烦别论，亦以两现之法为用云尔。

注：二分八纯，卦有一定，及得于变互者，皆不同两现之论。

易冒　卷四

长生章第三十一

天地万物，始于无明，绝后而胎也。

注：无明，即释氏所谓无明缘行、行缘识、识缘名色，十二因缘之类也。绝则无物，犹无明也；胎则有形，犹缘名色也。

三位而生，七位而旺，十位而死，十二位而终始焉。

注：法不以胎为始，而以长生为始者，以其未现形象也。

长生法：金生巳，木生亥，火生寅，水土生申，以掌上顺数可晓。假如火长生在寅，从寅上起，顺行，卯上浴，辰上冠带，依次顺行；木长生在亥，从亥上起，余可类推。

其所取用者，莫重于生绝，故金遇巳而不克，土遇巳而不生。

注：十二位取用，最重生绝二端，即五行生克，不及生绝。故金遇巳而得生，土遇巳而言绝也。

临官帝旺，用神乃昌。是故临官则食禄，天元禄之所授也；帝旺则位中，将星之所立也。长生曰日长，帝旺曰正旺，二者孰能胜之！

注：天元禄法：四位临官，即为禄位。如甲木生于亥，顺行四位，临官在寅，是甲禄在寅矣；乙木生于午，逆行四位，临官在卯，是乙禄在卯矣；丙戊生寅，顺行临巳，是丙戊禄巳矣。余仿此。将星之法，以中神为主，子午卯酉，正中位也。申子辰，子为将星。余仿此。

若沐浴、冠带、衰、病、胎、养，则不胜五行之生克。病渐及于不神，养将需于有力，盖见生吉而见克凶。是故水败于酉为假败，火胎于子为伪胎。木胎在酉，论克不论胎；金衰在戌，论生不论衰也。

注：此言十二位，唯长生、临官、帝旺为重，余位稍轻，还以五行生克为断。

死墓之法，临死无救，则必死矣；临死又克，则过死矣。绝亦如之。墓而有刑，如击如发；墓而无冲，为匿为藏。

注：爻神投死日、月、变爻之上，或日、月、变爻内有一生之，则死而未死、绝而未绝也。既死又克，则为已死。无生无克，准克之半。凡用入墓，喜刑喜冲。

盖用爻生绝于日辰之上者特重，生绝于月建之上者有分。夫月，令也，日，天也，轻重缓急不侔矣。

注：生绝月建，日重而月轻也。

伏爻生绝于飞，动爻生绝于变，其法犹类日也，然有真伪之辩焉。本卦动爻，难言生绝，故巳动伤金而生土，亥发火熄而木荣，有同体之观焉。

注：动爻化出之变爻，伏神本位之飞爻，如空如破，则非生非绝矣，故曰真伪。卦爻一本，专论生克，不当参以长生十二法也，故曰同体。

卜筮之道，归重支神，不分阴阳，同其生死，此其准也。若五行之家，析干支，分阴阳，则阳生阴死，阴死阳生，而长生亦异。盖五行阴阳，皆投胎于母而后养焉。

注：丙为日，丁为月，皆投胎于子，自天开于子，而日月昭焉。日月即人物之仰依也，故先以火胎于子为法，养丑而生寅也。日出而作，日入而息，丙既生寅，人亦生寅也。阴阳不可同立，男女不可无别。丁寄生于酉，故下言祖母族抚之。盖阳干有十二位

之用，阴干惟重死生，必欲分求，但以阳顺阴逆为法。

既分男女，男顺而长生，女逆而寄生，以至临官食禄之地，乃见其功。

注：盖阴阳干支，至临官而成功。丙临官于巳，巳既有丙也，丁临官在午，午即有丁也。

男既长大，应合婚姻。惟寅丙远赘子辛之妻，而养戊己者，戊之长生于寅，己之寄生于酉，皆曰祖母抚之，独此附其姑。然五行或同位、或相间，穷理反经而道尽矣。

注：丙既生寅而长大，理合择配，丙合于辛，宜配辛女。当卯无辛，远逆寄生于子之辛女，赘为夫妇。天之造物，非定有常。火生土而土胎子也，养于丑，故戊土生于寅，己土寄生于父娣，丁长酉之姑，而各自成也。戊既长大，宜合癸，配卯中癸水娶之。土生金而金胎于卯也，养于辰，庚金长生于巳，辛金寄生于子，则祖母之族而抚焉。庚既长大，合午乙为妻，金生水而水胎于午也，养于未。壬水长生于申，癸水寄生于卯。壬既长大，合酉丁为妻，水生林而木胎于酉也，养于戌。甲木长生于亥，乙木寄生于午。甲既长大，合子己为妻，木生火而火胎于子也。亥天地之终，子天地之始，己辛之女，皆是子而嫁赘。盖男女皆自天生，五行或同位，或相间，穷其理而返诸常，可曲尽阴阳之道。法曰：

子中癸己更加辛，丑中己癸复阴金，
寅品甲木兼丙戊，卯中乙木癸水临，
辰中戊土藏乙癸，巳中丙火戊加庚，
午中丁火连乙己，未中己土亦逢丁，
申内庚金坤壬水，酉内辛金丁己寻，
戌中戊土辛丁位，亥中壬水甲木生，
地支内有天干伏，天地人元仔细分。

唯土之长生不一者，以地王起甲申，申中有坤，故土生于申。若分阴阳，则戊生于寅，己生于酉。而金木水火之内，皆不可以无土。始知土德之用，接续五行，分寄而旺，无往而不生者哉。

注：土神之生，不一其所，土神之位，相杂而处，所以五行不可无土也。

官鬼章第三十二

或曰阳为官，阴为鬼；复曰旺为官，衰为鬼；又曰官鬼为系鬼，系爻为制爻。大凡喜之为官，恶之为鬼；用之阳则官，用之阴则鬼。名异而用同也。卦不应无，亦不宜动。

注：官鬼不必以旺衰阴阳分，但用则为官，忌则为鬼，然官亦可凶，鬼亦可吉。

动而逢冲，动而有制，动而无助，犹不动也。有而空，冲而散，化而冲，犹不有也。卦中虽无而伏于世爻动爻之下，变而临于日建月建之上，则无犹不无也。

注：此辩其虚实强弱之分也。

空而动者，谓之半空；动而破者，谓之全凶。有云吉则不吉，凶则更凶，则以大白虎所临也。

注：破本无为，因大白虎煞临之，其凶愈甚。

其象在天为鬼神、为雷霆，在地为庙宇、社稷、厅衙、尸骨、妖邪、虫蚁，在身为主张、权柄、魂魄、识见、疾病，在家为香火、主宰、宗祖、魇倒，在国为仇敌、乱臣，在任为爵级，在事为讼非、为祈祷、为夫媚、为阻滞束缚。

注：六亲惟鬼爻为象最多，所谓体物不遗也。

故身命无鬼，谋望失主，处世无恒；功名无鬼，进取无成，升迁未遂；家宅无鬼，主无君德，耗散多端；谋望无鬼，事无主断，关说徒劳也。

注：此言用鬼，鬼不宜无也。

疾病无鬼，须看用爻。用伤则祈祷无灵，用强则不禳而愈。婚姻无鬼，须分男女。女占有少寡之嫌，男占则我非其匹。求财无鬼，须分主客。同本而权落他人，空拳而我无遭遇也。自逃则易以潜身，捕逃则难于觅迹，失物则勿以诬人，祷祀而神不降，请托而言不从，事以类推也。

注：此言无鬼，各有吉凶之辩也。

故官鬼者，事之主也，祸之端也。出入行藏，贵乎静而勿动；兴词构难，畏其动而即成。盖凡防害及身，喜其无鬼；求事益己，利在有官。学者辩之。

绝生章第三十三

用爻属木，申日占而绝，水爻动而生，因名绝生，犹穷地而遇援也。

盖绝生之法有五：用神受日月之克，遇动爻之生，一也；受动爻之克，遇变爻之生，一也；受变爻之克，遇动爻之生，一也；伏用受日月之克，遇飞爻动爻之生，一也；伏用受飞爻动爻之克，遇日月之生，一也。此五者，皆谓之绝处逢生也。

其不能生者有三：用神自受破散，不能生者一；飞爻动爻生我者受破散，不能生者二；变爻生我者受破绝，不能生者三。忌神亦以此参之。

身命世绝而逢生，虽困必亨，虽夭必寿。文科重父，武试重官，遇之者几落孙山，终登龙虎。男婚用财，女姻用鬼，遇之者后成秦晋，始则参商。

鬼为我病，病退复进；用乃病身，危而得安。讼而又讼，官鬼遇日月之生；忧而不忧，子孙逢动变之助。出行世遇者安，行人应遇者还。占仕宦因众罚而增秩，占货财将亏折而居赢。捕逃而应逢，如鱼脱网；修道而世值，如龙飞天。

注：名，谓官爻遇之；利，谓财爻遇之。

内卦遇之，家宅衰而将旺；外卦遇之，人口减而复增。内为邦畿，外为政事，盖国犹家占。其为吉也，犹旱遇雨；其为凶也，如火复炎。然唯日月之绝为真绝，日月之生为真生，又不可不知也。

合冲章第三十四

闻之和则合，击则冲。合主事之成，冲主事之败。吉则宜合，凶则宜冲。

筮得六冲，其名卦冲，无往而不散也，言多乱，事多变，行多违，谋多阻也。筮化六冲，其名变冲，占事主无后也，约婚而不终，结义而不信，营求而不遂也。卦冲谓之前冲，变冲谓之后冲。倘前六合而后六冲，又其甚已。

注：卦冲有三：正卦冲，之卦冲，合处逢冲也。

前合后冲，始繁华而终憔悴；前冲后合，初更张而卒和调；

前合后合，伙伴契而讼狱缠，始终结而不解；前冲后冲，谋望难而官非散，亲疏背而不从。爻冲有五：日冲则动，空冲则实，动冲则散，化冲则失，自冲则败也。爻合有四：静合为起，动合为绊，化合为援，自合为好也。

注：化冲，巳动化亥也；自冲，卦中子午两动也，亦论强弱。化合、自合，反是而推。

独夫六合遇日辰冲害于世应之上者，其名合冲，犹功之几成而败，财之既得而失，婚之几从而违，谋之几就而变，不可居也。不言冲合者，既败不可成，既解不可交，既失不可得也，即得之亦他应也。

注：如午建丙子日占婚，得兑之节，卦虽六冲，其日月合世应，变成六合，以为始悖而终就，及后二家皆得偕。此占不成，故不贵也。

且有爻之合处逢冲者，财鬼冲害忌婚姻，父官冲害忌功名，子妻冲害忌谋生，然而视世应冲害者则稍轻矣。故合处逢冲，前贤专主世应也。

随墓章第三十五

夫随墓有五：一曰命墓，二曰世墓，三曰化爻墓，四曰卦身墓，五曰世身墓。此五者有轻重之分也。

注：本命临鬼而墓于日为命墓，世爻临鬼而墓于日为世墓，或命世、及卦身、世身临鬼而化入墓爻为化爻墓，卦身临鬼墓于日、世身临鬼墓于日为身墓也。

命之随鬼入墓，乃为大凶，谓鬼命并现也。若现于日、月、变、伏之位而非矣。

注：命墓必命乘鬼同现一爻始真，若临日、月、变、伏，皆非也。

世之随鬼入墓，自占者凶，代占者忌，视命墓少间尔。

注：世墓，自占代占皆忌。如巳建癸未日占寅命妻病，得大畜之蒙，乃妻命墓而世亦随墓。后五月妻亡，夫亦继亡，所谓代占者忌尔。

化爻随鬼入墓，与命墓世墓无差等，而有真伪。火官戌墓，辰日冲而成伪，戌月实而作真。戌空自伪，戌破非真。

注：化爻墓须分真伪。

卦身之墓，现于卦者是；世身之墓，空于世者非。此二者惟占讼词、狱禁、疾病、忧疑、户役、动作、潜逃、投充、斋戒之事忌之。然遇鬼旺则凶，官衰则减，视世墓化墓则轻尔。

注：卦身因卦而成，故有身则是；世身因世而起，故世空则非。盖大小身墓，有忌有不忌也。

且夫月破旬空之鬼，而临本命世爻之墓，官非灾病，见空破而垂毙，毙而又墓，故为凶占；若避患、忧害、防非，见空破而祸消，祸消而随墓，何凶也？

注：事已及身，空破随墓最忌；事未及身而先事忧防，则空破随墓非忌。

夫身命逢之，一世应多灾疾；婚姻遇此，中途定见刑伤，占分男女命墓也。

注：不论世鬼，不拘空破，女命墓戒娶，男命墓戒嫁。

求官履仕途而不反，出行登平道而遭屯。行人病于他乡，产妇厄于暗室。公役有桎梏之辱，兴造有妨犯之凶。偷关逾险而蹈网罗，出族谋差而受羁绁。

注：随墓统忌，若兴造偷逾，空破稍可。

求财被溺于狭邪之地，占穴或犯夫古塚之尸。

注：二者只言世墓。

盖凡以官鬼为忌神者，遇之不祥，空破稍轻；以身命为先务者，遇之亦不祥，而空破反重。此皆以日辰化爻之墓为法，他不同论云。

助伤章第三十六

助鬼伤身，以世爻受鬼克，而鬼长生于日，是为引祸以自害。世亦称身，实世而非身也。夫世爻，卦之宰也，占之主也，问者之身也，故曰伤身。然官鬼遇空破者弗能伤，世爻逢旺相者弗能伤。

虽曰长生，临于岁、月、动、变之位者则非。虽长生于日，而巳日之巽、申日之革则非。虽曰助鬼，而午日之坎、酉日之离则非。是以前贤举申日之离、寅日之咸、亥日之泰者为法。

注：五行大生谓之真生，巽鬼革鬼非大生，坎鬼离鬼非长生，所以有间。

占身命者认祸为福，比匪为良，因财丧身，贪色亡命。妻妾不贤而归夫咎，奴仆肆逆而累主殃。

注：以财为利，以鬼为害，天下之害皆伏于利，理固然也。

国占为奸臣聚敛，为宦官专恣；师占为将病防刺，及自兵之叛；占家者，主人贪利忘害，求益遭损。鬼临雀起非，临武被劫，临虎见丧，临蛇而惊。娶妇则主妇不贤，收仆则主仆怀叛。若女占夫而官星为用者，遇之反吉也。占官骤升，占武即发。

注：大抵用官吉而用财凶，世爻尤凶也。

占讼有重责之忧，占失有再偷之虑。投军脱役，鱼为饵钩；昧事修方，步遭荆棘。求财有妄求之害，出行有行险之虞。离尘修戒，障业未除；公役参房，杖笞难免。占监狱，囹圄之灾未满；占疾病，枕席之患未离。奉神神怒，安灵灵哭。占怪怪真，占梦梦实。避祸祸必临，防害害必至。总之以鬼为忌者，助伤固凶，即以官为用者，亦嫌其克世。静迟动速，旺大衰小，惟空破散则吉也。

局会章第三十七

何谓之局？物有始终，故谓之局也。何谓之会？物必有丽，故谓之会也。

注：生乃物之始，藏乃物之终，既成始终，故谓之局。如卯木生亥墓未，为木局是也。若亥卯未而会，物必有丽也。

夫局会有成不成之分，当明化不化之义，然后得局会之秘也。中神主也，失其主则不能会，伤其中则不能局。是以火神局会，以午为要，午不失伤，即寅戌失一，而亦局会也。伤其始者，局会之力小；伤其终者，局会之力存；终始不伤，局会之力大矣。

注：始失长生故力小，终失墓藏故力犹存，得三位皆全，其力更大。午会为火，寅戌虽会，而土木本质，则不随火变也。

局会有三，一曰动会，二曰变会，三曰伏会，则必由日月而悬之也。动会者，周流六虚而皆会也；变会者，交重一爻而相会也；伏会者，发动飞爻而相挈也。

注：凡局必得日月有一在局，始成动会，如寅建戊戌日用官，得乾之既济是也；变会，如戌建甲寅日用官，得遁之乾是也；伏会如卯建戊寅日用父，得大畜之离是也。

变失始者其局假，伏得生者其局真。是故子变辰者非，午伏寅者是也。日月悬之，悬始吉而悬终凶也。是故申月悬子则是，戌月悬午则非也。

注：如戌建己酉日用官，得谦之泰，以戌月午变寅爻，当成火局。然寅值空，乃失其始；戌月悬午，是墓非生。则此火局休囚，不成会矣。如申建甲辰日用财，得履之睽，子伏申下，财乃长生，申为月建，谓之悬始，则水局旺相，故成会尔。余仿此。

盖局会之道虽纷，而生克之理若一。故失中乃失主，失始乃失生，失终乃失墓，则轻重昭矣。

刑害章第三十八

拟议之三而后刑，故曰三刑，非实有三也。夫刑同杀，故曰酉曹，由酉而始也。

三刑之法，以金局之神，而巡西方之位，所谓巳酉丑而乘申酉戌也。金木水火，五行之顺也；西北东南，四方之次也。以金木火水之正，而刑西北东南之邪，则亥卯未而乘亥子丑，申子辰而乘寅卯辰，寅午戌而乘巳午未矣。乘则刑之，上下相对，循环相加，此三刑之立法也。孟党孟刑，仲党仲刑，季党季刑，以故有寅巳申、丑戌未、卯子、子卯、辰午酉亥之名也。于是乎，有金刚火强，自刑其方，水局刑木，木局刑水之议。苟曰必三始刑，则卯子子卯之无礼刑，辰午酉亥之自刑，岂必三也？是故三刑之名，不可以三泥也。

注：孟党寅巳申亥，仲党卯午酉子，季党辰未戌丑。

三刑之法，墓亦赖之。刑则墓开，刑而兼冲，其力更大。

注：夫墓得刑冲，犹锁得钥，故曰墓开。然不及冲，故刑而不冲者轻，刑而兼冲者重。酉建庚申日用财，得困之兑，是谓真刑。

夫刑之为象，于物若毙，于心若忧，于事若漓，犹退神之例，而不及旬空月破之凶也。身命遇之，恐骨肉之相残；婚姻遇之，惧门第之相压。宦忧内丧，病防带疾。官克世而问讼，五克世而问疏，若世刑而大凶也。

注：身命谓世及用爻遇之，男娶谓财、女嫁谓官遇之。

夫害者，夺吾之好为害也。上下四方曰六，故名六害，举天地之内而言也。相合曰好，相冲曰夺，相恶曰害，是故冲吾之合，则犹夺吾之好，吾故恶之，而与相害也。故子合丑而未冲，所以子、未为害尔。六合则有六冲，六冲则有六害，此六害之立法也。

注：古亦称穿心六害。

然有生害、有克害，其为象也，心恶而面好，外悦而内仇，此相生之害也。我克彼者，我强而彼弱，志相恶尔；彼克我者，彼刚而我柔，力被制尔。然亦不及六冲之甚也，然亦必兼合冲生克而考之。三刑六害，当别用爻，非以卦象云尔。

注：大抵六害重克害，克害重用爻世爻，及应克世。若姤、恒、小畜、益卦，虽存六害之名，当察其用而权之。

诸星章第三十九

神宿之法，灾祥非一，吉凶之验，别演乃殊。有以天象列星而入易者，有以人事占星而入易者，然要无不出乎干支阴阳生克衰旺之情，或年或季或月或日或时或局之例，以辩其有用无用，轻力重力焉。其有星之名，而无所本者，不敢列也。

注：天象，如角亢房，二十八经星也；如木火土金水，五纬星也；如贪狼巨门，九曜星也；人事，如天喜天医、天厨、天狱之类是也。虽星煞杂陈，各有所本，否则俗传无验也。

如经星入易，乾之上九降参，又降镇星，唯岁时身命之占用之；九曜之立，曰贪狼、曰巨门、曰禄存、曰文昌、曰廉贞、曰武曲、曰破军、曰左辅、曰右弼是也，唯婚姻、才貌、坟茔、屋宅之占用之。

注：法曰：

月月常加戌，时时起破军。

破军前两位，世俗少知闻。

两位，即左辅右弼也。斗柄即破军。如寅建午时占，以戌加寅起，至午时在戌，以戌上为破军，亥是左辅，子是右弼也。

紫微垣以危室之分起子也，天市垣以尾箕之分起寅也，太微垣以翼轸之分起巳也，唯造化之占用之。此天象立星之略也。

注：三垣皆以正月起顺行。

天德之星，正月起亥而顺行。盖天之德泽，从天门而降，亥为天门，因以名之。天干天德，寅建在丁，卯建在申，盖人事天功，阴阳相助也。

注：天德正月起亥，顺行。干德法曰：

正丁二申宫，三壬四辛同，

五亥六甲上，七癸八寅从，

九丙十居乙，子巳丑庚逢。

天德即天道，阴阳两互，抚祐八荒，孟季保生墓之人元，四正用阳贵之协力。故寅内人元丙，天与丁助之；卯内人元癸，天与阳贵坤中壬水助之；辰内人元癸，天与壬助之；巳内庚，天与辛；午内乙，天与阳贵乾中甲木助之；未内乙，天与甲也。余六位仿此。历日所载坤、乾、艮、巽，即申、亥、寅、巳尔，其土德周遍，故不列天德也。此法用天干，如寅建丁亥子孙发动，以丁为天德也，利用防非。

月德自未而顺行。未为广寒宫，太阴之府，是以始之。天干月德，寅午戌建而举丙，亥卯未建而举甲，巳酉丑月德在庚，申子辰月德在壬。太阴之德，亦其助也，盖以午丁而丙助，卯乙而甲扶焉。

注：古法以子为帝座，午为端门，卯为雷门，酉为佛境，亥为天门，巳为地户，申为神门，寅为鬼路，辰为天罗，戌为地网，丑为黄泉杀，未为广寒宫也。四德俱主福荫，能逃刑免难。

天乙贵人有阴阳之别。阳贵始自天王立甲子而顺求之，阴贵始自地王起甲申而逆求之。贵人之用，不犯对于君王，贵人之行，不践入于罗网。甲合己而在子，己以子为阳贵；乙合庚而在丑，庚以丑为阳贵；丙合辛而在寅，辛以寅为阳贵；丁合壬而在卯，壬以卯为阳贵。辰为天罗，逾而不入。

戊合癸而在巳，癸以巳为阳贵。午为端门，越而弗对。己合甲而在未，甲以未为阳贵；庚合乙而在申，乙以申为阳贵；辛合丙而在酉，丙以酉为阳贵。配为地网弗履。壬合丁而在亥，丁以亥为阳贵。子为帝座弗犯。癸合戊而在丑，戊以丑为阳贵。阴贵亦然。

注：法曰：

甲羊戊庚牛，乙猴巳鼠头，

丙鸡丁猪走，壬兔癸蛇游，

六辛骑猛虎，阳贵用斯求。

甲牛戊庚羊，乙鼠巳猴乡，

丙鸡丁猪位，壬蛇癸兔藏，

六辛乘骏马，阴贵用心详。

六壬数，巳至戌用阳，亥至辰用阴，未当。当以子至巳用阳，午至亥用阴。易筮不分阴阳。

福星贵人，即食神星也。甲之五遁，丙为食神，故寅为福；乙之五遁，丁为食神，丑亥为福星也。

注：法曰：

甲虎乙猪牛，丙同犬鼠游，

丁鸡戊猴走，己羊庚马头，

辛蛇癸逐兔，壬日占龙楼。

天厨贵人，禄上生禄，是为天厨。甲之五遁，禄于丙寅，寅上之丙，复禄于巳，故甲以巳为天厨；癸之五遁，禄于壬子，子上之壬，复禄于亥，故癸以亥为天厨也。

注：法曰：

甲丁蛇位号天厨，丙鼠壬鸡癸伴猪，

乙戊辛干皆向马，己猴庚虎福神殊。

右二星主禄食。

天元禄者，临官则食禄。甲木生亥，临官于寅；乙木生午，临官于卯；丙戊生于寅，临官于巳；丁己生于酉，临官在午。阴阳顺逆，各以类推。

注：天元禄法：从临官而得，四位临官，即名禄位。如甲木生亥，顺行四位，临官在寅，故甲禄在寅；如乙木生午，逆行四位，临官在卯，故乙禄在卯之类。

天地财，遁甲以戊己为五马六财，而戊己坐辰巳之上，故正月以辰为天财，巳为地财，顺而终之，乃天地财也。

注：马，即财也。法曰：

正七起龙蛇，二八马羊家，

三九循申酉，四十犬豕牙，

子午鼠牛索，丑未寅卯查，

遁甲因戊己，问利自当沙。

文章德业，必临官设政，三岁后而吾道始昌，因曰文昌。甲禄在寅，逾三位而巳是也。辛则不然，逾三位而当子，子为帝座，弗敢犯之，物不可盈，藏于文库，是以辛以戌为文昌也。

注：法曰：

甲蛇乙马号文昌，丁己寻鸡辛犬方，

庚猪癸兔壬从虎，丙戊扬猴最吉祥。

盖火墓在戌，离为文明，故曰文库；金墓于丑，金为兵革，故曰武库也。

位中居尊，谓之将星。故亥卯未将星在卯，而攀辰鞍，驾巳马。马前六害，以警跸也；害前华盖，备旌幡也。将后七神，甲士后劲也，而劫煞、灾煞、天煞、地煞、年煞、月煞、亡人煞以名焉。是以华盖为首星，劫煞为尾星，而将卫在中也。

注：将星法起中神，子午卯酉，正中位也，故亥卯未，将星在卯，辰为攀鞍，巳为驾马。马前为六害午也，害前为华盖未也。将后为七煞，自申至寅七位是也。

天马，即乾马也，正月午始，循环行之。此星惟利升迁之卜。驿马亦从将星而推也。如寅午戌，将星在午，则以未为攀鞍，申为驾马矣，行人要星也。

注：正月用乾四爻为天马，二月五爻申，循环用之。法曰：

正七还骑马，二八向猴申，

三九须从犬，四十鼠相侵，

五十一当寅上，六十二定归辰。

天马文人用上，丧病者嗔，盖病者马向天游，是上丧服也。驿马法曰：

寅午戌马居申，亥卯未马在巳，

申子辰戌居寅，巳酉丑马在亥。

且天喜之为星也，孟春建寅，则喜在戌；仲春建卯，则喜在亥；季春建辰，则喜在子。盖以成为喜也。喜神之用，遁甲所专。遁甲者，拒庚而藏甲也。惟丙丁制之，故甲己五遁得丙寅，则喜神在寅也；乙庚五遁得丙戌，则喜神在戌矣。

注：成喜之法，寅到戌而成，卯至亥而成，辰至子而成也。余可类推。法曰：

春戌夏丑为天喜，秋辰冬未三三指。

喜神法曰：

甲己东北乙庚乾，丙辛独位向坤言，

丁壬二日离宫上，戊癸东南喜事连。

若喜神位值子孙动者，出行顺利，其他动止亦宜向之也。

天赦，与人更新也。作历之初，首于冬至甲子，故冬至甲子为天赦。春首戊寅，夏至甲午，秋首戊申，刑罪之占，得逢解网也。天解，春以寅，夏以巳，秋以申，冬以亥。盖水绝于申，寅能破之，是为天解。

注：先王以二至及春秋首日大赦天下，故后世以是日为天赦。天解，凡以绝为我难，冲则天去我难也。

月解，太阴也。自戌而辉，行南周天之半，以照北极，故九、十月在午，正、二月在申也。剪刈根萌，则息非宜。喝散，春木根萌在亥，巳能刈之，是为喝散。

注：月解法，九、十月午，子、丑月未，正、二月申，三、四月酉，五、六月戌，七、八月亥。两月一位，谓上施下仰。九十月午者，午施子仰也。午自亥极，施仰乃见。冲断生根为喝散。夏火生寅，用申冲寅；秋多生巳，用亥冲巳。法曰“春巳夏居申，秋猪冬到寅”是也。

天医，上帝之司，救疗之神也。本在遁甲，相丙而御庚，即丁神也。好生为心，故不践于寂灭之地，乃更位焉。周岁而复命，始岁而复化。活曜，上帝命司生之神也，因随帝而出于震焉，为胎育子息之占。

注：以五虎遁，正月甲遁觅丁神，得丁卯丁丑，故正月以丁卯为天医，余丁丑。二月乙遁得丁亥。三月丙遁得丁酉，乃弗居而易丑，故三月则以丁丑为天医。夫酉为佛境，乃寂灭日沉之地，故弗居。四月丁遁得丁未，五月戊遁得丁巳，六月己遁复得丁卯余丁丑，七月庚遁复得丁亥，八月辛遁复得丁酉，违酉从丑，九月壬遁复得丁未，十月癸遁复得丁巳，十一月甲遁复得丁卯，十二月乙遁复得丁亥。终焉，还命上帝，岁复如是也。《发微》《通书》以天喜为天医，误矣。法曰：

天医正卯二猪临，三月随牛四未寻，

五蛇六兔七居亥，八丑九羊十巳存，

十一再来寻卯上，十二亥上作医人。

活曜法，正月从卯顺行。

雷火之煞，大利功名，盖雷能动物，即长生也。寅午戌月起于寅，申子辰月起于申，是以立之。震为旌旗煞，故起卯。逆征四围，是谓旌旗。

注：草木萌生，雷霆动惊，盖震之德，能普化万物也。其法正寅二亥，三申四巳，循环三复是焉。然网罗同之。上天之为心，惟以生道杀物，是名网罗万物也，独捕叛用之。旌旗，春卯、夏子、秋酉、冬子。

天耳天目，以子坎为耳垂，以午离为目眥。目视上，故始天门，从亥、申、巳、寅为次；耳听下，故始地户，从巳、寅、亥、申为次。耳目司视听，故动而音信当至。耳目本吉宿，以用则将迎而成，故逆行焉。

注：以四季行四位，春巳、夏寅、秋亥、冬申，天耳也；春亥、夏申、秋巳、冬寅，天目也。

天罡煞，寅卯辰巳之谓也。因生求生，谓生作而得生息，亦渔猎之吉神也。天犬吉而顺戌，犬猎益宜之。天猪、天鼠、天牛，凶而逆亥子丑，牧养忌之。

注：以寅午戌月为火局，火生于寅，是谓生而起也。二卯三辰四巳，巳酉丑为金局金生于巳，是得生而巳也。复寅而三重之，则周一岁矣。天犬正月从戌顺行，猪、鼠、牛正月从亥子丑逆行也。猪忌畜豕，鼠忌养蚕，牛忌牧犊，嫌值鬼同发。

大螣蛇之别号曰勾陈煞，以其将相冲中王也。暗金以每季藏金局，故巳酉丑为暗金。破碎谓金库在丑，以金局自悖逆而出之，四轮复数之，则失藏聚，是名破碎，为家国之多耗也。

注：正月自辰起逆行，专务惊滞。暗金以巳酉丑，自正月四轮复数是也。亦名红纱，产妇之忌。破碎以丑酉巳，自丑月起四轮复数，乃破碎也。丑为金库，故始之。法曰：辰戌丑未月在丑，寅申巳亥月在酉，

子午卯酉月在蛇，逆破如何财顺有。

月破曰耗，大耗而小耗随之。季废为荒芜，月废为月空，空衰为月煞。

注：正月起申顺行为大耗，起未顺行为小耗。荒芜之法，春巳酉丑，夏辰申子，秋卯未亥，冬寅午戌。月空之法，寅午戌月壬废为月空。月煞之法，壬水衰于丑，故丑为月煞。亥卯未月庚废戌煞，申子辰月丙废未煞，巳酉丑月甲废辰煞，历日可考。

物满而破，破而后开，天贼之义也；随贼而吠，天狗也，其义欲除之、执之、收之。春之天贼，辰满酉破寅开也；秋之天贼，戌满卯破申开也。未坤之府，丑能击之，故地贼出丑而逆行焉。巳为双女宫，本荧惑之神也，天烛由此而顺行焉。天火即火所胎也，盖火神顺鉴四域，岁三复焉。

注：法曰：

正龙二鸡三虎乡，四羊五鼠六蛇藏，

七犬八兔九猴位，十牛子马丑猪忙。

是天贼也。天狗随之冲击也。地贼，谓穿窬之辈也。法曰：天烛正月起蛇宫，荡荡顺行数至龙。主火灾也。天火，以寅午戌月火局胎于子。四域，子午卯酉四正也。五九月又起子，故一岁三复。

天官符即临官之位也。以年局临官于中宫起寅巳申亥，进三位而复退起中宫，顺行九宫。若与鬼动，则成词讼之凶。阳生曰生气，阴生曰死气，以阳主生而阴主杀也。五子遁七位之

庚午，上庚克甲为官符，是以从午起官符，随死气顺行为死气官符也。春寅，岁之始也，法艮卦寅官持世，乃为锤门官符，下而反复是也。

注：以相指一节起坎宫一白、二节坤宫二黑、三节震宫三碧、四节巽宫四绿，君指四节为中宫五黄、无名指四节为乾宫六白、三节兑宫七赤、二节艮宫八白、一节离宫九紫，乃外九宫也。如子年乃水局临官，于亥入中宫，即十月在中宫顺行，即十一月在乾，十二月在兑。进三复退，即是本年正月入中宫，二月乾，三月兑，四月艮，五月离，六坎，七坤，八震，九巽，乃终。设如七月占，若鬼动坤宫，为天官符也。此从年起。生气正月从子顺行，死气及官符从午顺行。岁始若苏未起，有锤门之意，用艮卦自上而下。法曰：

正七虑行村，二八鼠当门，

三九居戌位，四十弄猴狲，

五十一骑马走，六十二跳龙门。

绝止足履，则忧禁怕天狱。寅午戌月绝于亥，巳酉丑月绝于寅，是为天狱。逆践于地网，为地狱煞也。坎为血卦，丑为刃库，血因刃上，故正三五七九鼠月，以丑寅卯辰巳午为血刃。刃相对，偶袭奇，复名血忌。血因忌上，故二四六八十腊月，以未申酉戌亥子为血忌。羊刃纵前之利器，势同荷戈，禄前一位，妻孥所畏。

注：绝为天狱，如申子辰水局绝巳之类。法曰：

正月逢亥二月申，三月随蛇四月寅，

五月循环绝于亥，周而复始定其神。

戌为地网，故地狱自正月起戌逆行，法曰：

正牛二未三寅虎，四猴五兔六鸡灾，

七辰八戌九月巳，十猪子马丑鼠来。

血忌之星同血刃。针灸占之定不偕。

禄前一位为羊刃。如甲禄在寅，则右顺卯为羊刃；乙禄到卯，则左逆寅为羊刃；丙戊禄巳，则右顺午为羊刃；丁己禄午，则左逆巳为羊刃。法曰：

乙逢寅动当为刃，辛见申摇岂不凶，

丁己忌巳癸忧亥，兄弟相加偶必重。

近世不分阴阳顺逆，概以禄前一位为刃，至有误认乙禄到卯，辰为羊刃之说，特为正之。

阳陷于阴曰阴煞，正月起坎之初爻，循环上下，是避害之要也。死而折之，名曰折煞，故寅午戌以酉为折，申子辰以卯为折也。方养未几，即受暴折，春木养戌，而辰折之，是名浴盆煞。咸池煞者，别名桃花，盖以沐浴为桃花，沐浴败垢，淫污败德，因以名之。

注：君子为小人之陷曰阴煞，若带鬼动，当防害也。法以正七寅、二八辰、三九午、四十申、五十一戌、六十二子，即习重坎之象也。以火局死于酉、水局死于卯，如二六十月午为折煞，巳酉丑月子为折煞。如火养在丑，为未暴折是也。法曰：春辰夏未秋逢戌，冬季推来在丑神。盖以摧尸煞同，亦暴折之义也，小儿忌之。咸池煞以寅午戌月火局沐浴于卯，亥卯未月木局沐浴于子，法曰：

寅午戌，兔从卯里出；

亥卯未，鼠子当头忌；

申子辰，鸡叫乱人偷；

巳酉丑，跃马南方来。

衰而憔悴，反复悲泣，是名天哭。当墓曰丧门，扣墓曰吊客。

丧车，以绝位为亡人，所乘者乃丧车也。盖冬水以巳绝，乘午为丧车。五墓者，即墓神也，故春木墓未，夏火墓戌。三坵者，叠土墓上，故春以丑为坵，取第三位之土，故曰三。五者，五行墓也。

注：憔悴谓衰也。寅午戌月，火局衰在未，巳酉丑月金局衰在戌。三复悲泣，故正未二申三酉四戌，五复未而再三，因名天哭。

以寅午戌月墓戌，亥卯未月墓未，申子辰月墓辰，巳酉丑月墓丑。如正月戌为丧门，则辰为吊客。冲象扣也。法曰：丧车春鸡夏鼠来，秋卯冬午好安排。二法皆忌疾病。以土冲土曰叠，自未戌数丑曰第三。法曰：丑辰未戌三坵煞，羊犬牛龙五墓寻。

近前曰孤，近后曰寡，而孤寡之煞以传。寅卯辰月，巳孤丑寡也。前阻曰关，后绝曰锁，而关锁之法以立。申酉戌月，亥关未锁也。

注：失聚失类，如无依倚。巳丑，前后非类也。法曰：寅卯辰，巳孤丑寡；巳午未，申孤辰寡；申酉戌，亥孤未寡；亥子丑，寅孤戌寡。若男前女后之意。阻绝其前后曰关锁，法曰：

春关牛与蛇，夏锁龙猴嗟，

秋忌羊猪位，冬犬虎交加。

自春建而妄行，不由径，不从道，游行四方，往必败矣，故名往亡。夫寅而卯，径也，不从而巳，非道也；自卯而辰，自辰而巳，径也，不从而午而未，非道也。行者之戒也。以子丑寅而归孟仲季，非时也。非时而归，所以忌也，故归忌名之。绝路空，遇水则路绝。甲己五遁，壬癸加申酉，故申酉为绝路。震仰盂，像舟。木绝于申，为覆舟煞。舟绝则覆，故自申起而顺，为覆舟；冲舟为浪，故自寅起而顺，为白浪。

注：正月起寅顺行，则二月当行于卯，乃越径妄行，直游巳申亥而返卯；复不由径，直游午酉子而返辰；复不由径，直游未戌丑而穷焉。往亡法曰：

正寅二巳三申位，四猪五兔六马悲，

七鸡八鼠九辰忌，十羊子犬丑牛危。

子丑寅，是天地人三才，盖子月当子而反孟寅，丑月当丑而反仲子，寅月当寅而反季丑，为非时归忌，后三巡亦然。法曰：

寅申巳亥牛相犯，子午卯酉虎相攻，

辰戌丑未须防鼠，爻逢归忌路途凶。

绝路空法曰：

甲己申酉最为愁，乙庚午未不须筹，

丙辛辰巳何劳问，丁壬寅卯一场忧，

戊癸子丑高堂坐，如犯空亡莫远游。

木绝申为覆舟，正月从申顺行，寅冲申为白浪，正月从寅顺行。

鹤神自天而降，始践于艮。奇门甲子坎局，己酉艮局，因从己酉下地，循环八方。四维六日而更，四正五日而迁，第四十五日上天而居于房北，复五日而入房中，合衍母之数也。复二日迁南，先阴后阳，合少阴之数也。复三日而迁西，合少阳之数也。复一日而迁东，合太阳之数也。复四日而迁中宫，合太阴之数也。戊申居中，然后甲子周矣。若鬼摇是宫，出行是戒。

注：鹤神，即游神也。

五符者，即天符也。设政而受天符，天符之前十一神，天曹、地符、风伯、雷公、雨师、风云、堂符、国印、天关、地匣、天贼也。

注：以阴阳禄起五符，阳顺阴逆，周行十二位。盖以甲禄在

寅为法，寅乃五符，墓前陈部曲，部曲即天曹也。未及三位，而复锡符焉，故天符为金舆，地符为玉辇。风伯乃巽位，雷雨云神骢驱之。未九位而锡大命，乃堂符国印也。亥为天关，子为地匣，置武库以征不仁，故终天贼，又名陀罗星。弗误于满破开之天贼也。此从日起。

罡魁之将有十二，体辰戌而用巳亥，天罡、太乙、胜光、小吉、传送、从魁、河魁、登明、神后、大吉、功曹、太冲也。罡魁临鬼动，祸患暴作，罡主讼而魁主盗也。

注：天罡正月起巳顺行，河魁正月起亥顺行，余十将不司卦内吉凶，故不详注。

太岁之神，始作甲子。阴阳相扶，吉星居焉；偏党好恶，凶星立焉。寅为鬼路，故十二年丧门以寅为始。申为神门，故十二年白虎以申为始焉，飞廉附之。盖克我者为官鬼，子受辰克，故十二年以辰起官符，且居五位，五鬼附之。岁之冲曰岁破，栏杆附之。戌亦克子，三合丧门，故名吊客，天狗附之。巳为六阳之终，亥为六阴之极，故巳始死符，亥始病符也。阴之扶阳，天之造物，故三元四利，十二年以丑起太阳，卯起太阴，未起龙德，酉起福德，顺行为法也。

注：四利三元法：一太岁，二太阳，三丧门，四太阴，五官符，六死符，七岁破，八龙德，九白虎，十福德，十一吊客，十二病符。此从年起也。三元谓上元、中元、下元也。四利谓四吉星，太阳、太阴、龙德、福德也。巳亥宫无吉宿，以阳终阴极也，其附四凶，非在三元旧序。又有月上飞廉，正月从申逆行；月上五鬼，正月从寅逆行之法。飞廉因白虎亦起申，五鬼因鬼路亦起寅。

古人名星之始，或因事而著，或依义而成，或像象而立，必有所本，其无本而妄传者，于吉凶无验，虽多不述也。大凡吉星之行多顺，凶星之行多逆；地支之星以月为凭，天干之星以日为主。年星虽列，远而较轻；时星间陈，倏而易逝。唯日月之用尊焉。

占星之法，多视其类，非类则弗亲也；各伺其动，不动则不伺也。然必以用神为主而星辅之，吉以益其吉，凶以甚其凶，而后无偏泥之诮焉。学者辨之。

卦验章第四十

以爻而取占应者，谓之用神；以卦而取占应者，谓之卦验。卦验专于卦而不专于爻也。

注：以卦名而断吉凶，昔贤所讥，然古又有以卦义断而验者，不可违也。

婚姻忌三冲，则不索用神之衰旺；邦畿征伐忌内反伏而不凭子官；迁居忌外反伏吟，而不凭鬼静；占病主属化墓绝者，虽用旺而凶。此皆先卦而后爻也。

注：五者尤为专忌，卜者常泥于用神而失之。

是故筮晴雨者，得乾离则晴，得坎兑则雨。非此，然后察父母子孙以为晦霁也。筮坟茔者，遇巽风坎水，乃为大凶，以其犯风水而冲也。独秋后占地得坤，春前占山得艮，反为吉兆。蛊有虫蚁，井有水泉，明夷有伏尸。非此，然后索世爻福神以为凶吉也。

注：风水最忌六冲。若卜平地，秋后三气得坤卦，卜山地，春前一气得艮卦，反吉，弗论六冲。

出师征伐，遇明夷，有覆军之败，遇坎、蹇、困，防汔地之囿，若此者，不复论子官也。求财，遇萃曰亏本；出行，遇节、艮、坎、明夷曰不吉；狱讼，遇大壮与夬曰得理，遇坎、蹇、明夷曰有囹圄；

筮病，遇明夷、既济、丰、节而土鬼独发曰死。

注：推之京房，萃为缺数，余卦皆昔贤所验。

筮婚姻，咸、恒、节、泰者吉，变冲不吉；睽、革、解、离者凶，化合亦凶。后嗣有无，昔筮大畜而得子，筮蒙而得子，筮涣而得孕，曰腹内怀人也；筮大有、同人及乾与剥而有双胎，曰丙戊两胎于子也。

注：昔商瞿将如齐，四十未嗣，夫子蓍之，得大畜九三，后有五丈夫子。《周易》蒙训为童蒙，《补遗》云涣腹中怀人。以上诸卦，皆凭卦断而不及爻用，前贤往有成验。

且有因卦象而取义，因卦义而利用者。如筮国，得否泰，则君子小人可知；得损益，则丰荒可见。筮道业，得艮、复、咸、无妄而成心学；筮儒业，得贲、旅、坤、离而焕文章；筮科第，得乾、震而魁黄甲。上疏岂宜屯蹇？面圣最喜晋升。

注：夫子自筮得旅，筮贲而忧文胜。坤离为文章，震乾得第，皆旧传也。

如噬嗑之日中为市，而宜于贾肆；涣之木在水上，而利于江河。离以佃鱼，随以驾马，益以农田，睽以锄乱。如艮、离、咸、蛊，占蚕而有收；噬嗑、鼎、颐，占畜而主烹。占起造，以大壮为吉；占父母病，以大过为凶。防火得离，防盗得坎，防非得噬嗑与讼，防害得明夷、小过与损，皆卦忌所列也。

注：右卦亦旧传所载，时有征验，然兼察用象更确。

且有古史所记占验者，如观之否，而妫育嗣于姜；归妹之睽，而晋依秦婚而复国。

注：陈敬仲奔齐，后大为田氏。晋公女为秦穆夫人，后依秦而复晋。

困之大过而夫陨，不利室家；出师遇复而射目，不利应敌。

注：陈文子言夫从风，风陨，不利娶妇，崔氏后败。射目，晋伐楚也。

屯之比而得名，屯之豫而得国，遇蛊而敌败，遇泰而谋成。

注：毕万筮仕于晋，得屯之比，见《左传》。晋公子重耳筮适秦而得屯之豫。秦伯伐晋得蛊，晋公子复国得泰。右卦聊述旧闻，然与金钱筮义，断亦少殊，不宜执一而断也。

又有以德以位，配蓍而昌；失德逆天，得吉而亡者。子仪应乾五之大人，晦庵守天山之肥遁，宋祖筮离而违方，明宗得乾而复国。南蒯得坤之六五而反败，志逆天也；穆姜筮艮之八二而兆凶，戒失德也。

注：古人亦有筮吉得凶之事，德不足以配蓍也。先师星元于出妻者得泰而言凶，劝之终合；瞽于健讼者得豫，戒勿终讼，不听而凶。泰豫本吉，而筮者志凶，则吉凶反应，此亦足为占者之戒也。

易冒 卷五

类总章第四十一

卜筮之道，因象以见吉凶。吉凶之见，因事以兆趋避。趋避之兆，乃系用神。用神所系，殊途而同归，万变而一致。辨之不详，而吉凶趋避不得其正矣。

注：此言卜筮大法，以用神为本。

用神之法，或以卦，或以爻，或以内外，或以世应，或以五行六亲而考，或以八卦六神而占，然后以年、月、日、时经之，飞、伏、互、变、纬之，旺相、建、生、空、破、散、绝、进、退、刑、害消息之。大抵舍静求动，舍衰求旺，舍病而求不病，而吉凶之轻重迟速应矣。

注：此言用神不一，止执六亲者不广也。

其法，先辨卦，后辨爻。卦有卦用，爻有爻用。卦用有八：一内外，二冲合，三反伏，四墓绝，五归游，六卦候，七卦义，八卦验。何谓内外？如占家而内为人、外为宅，内宜守、外宜迁也。何谓冲合？如三冲之卦，天人不交，始终不协，六合之卦，贤亲夹辅，人事顺成也。

何谓反伏？反吟而心反事悖，伏吟而神忒气分，唯国占师占人宅之忌也。何谓墓绝？如震化坤，木墓未而绝申，离化乾，火墓戌而绝亥，唯国占师占身命住基疾病之凶也。何谓归游？归魂主不出，游魂主无定也。何谓卦候？候逢旺相，不以日冲为破，卦值死囚，不以日建而兴，唯邦畿人宅之占也。何谓卦义？如筮晴雨喜乾离之晴，占坟茔畏风水之卦也。何谓卦验？如筮涣而言腹内怀人，噬嗑而言日中为市也。此卦用也。故用有取于卦者，先卦而后爻也。

注：此专重卦体论也。卦候所司者远，故不以日为兴废。如震当旺相，虽值酉日而震不破；坎当死囚，虽遇子日而坎仍死也。

次辩爻。爻用有六：一世应，二两身，三六亲，四六神，五爻位，六变互。

何谓世应？世本应末，世主应人，成卦之主宰也。何谓两身？一卦身，二世身，卦身较重也。何谓六亲？财官父兄子，用之各有主也。何谓六神？龙雀勾蛇虎武，忌之各有司也。何谓爻位？如初为地，上为天，五为君，二为臣，因事有属也。何谓变互？动则观其变，静则占其互，因用而求也。此爻用也。故用有取于爻者，舍卦而从爻也。

注：此专重爻象论也。

然成卦之主，世应为重。其忌亦有十：有空、有破、有绝、有散、有墓、有动、有合冲、有随墓、有助伤、有升降进退。空则无成，破则多败，绝则多困，散则全失，墓则难举，动则多变，合冲则将成而败，随墓讼病之恶地，助伤灾患之凶征，进升如火之始燃，退降如木之方落，此其象也。故事须我成必以世，官以官成，文以文成，而世空则不成；事因人得必以应，财以财得，文以文得，而应空则不得。故用有取于世应者，舍卦爻用象而从世应也。

注：此言世应为卦主，故又详其所忌。

若万类之求，六亲为用。用不可胜纪也，各以其类求之。有用神则必有忌神，忌则喜静、喜衰、喜制；有用神必有元神，元则喜动、喜旺、喜生。故六亲之中，官鬼多凶，然有无鬼无气之嫌；父母为劳，然有无父无头之喻。六亲之中，财福为吉，亦为求名之恶客；兄弟无功，亦为子福之元神。此六亲用也。故用有取于六亲者，亦略世应而从六亲也。

注：此言六亲为用主，故须明其元忌。

是以察鬼神之情，莫亲于动变。变能克动象，动不能生变象；动能生本卦之静爻，变不能克本卦之静爻。变爻空破死绝，动爻不受其生克矣；动爻空破死绝，变爻生则救而克愈凶矣。唯一爻独发，尤贵知微。此动变之当察也。

注：此言用爻之后，动变为重，变爻止与本动爻为生克，近泛及本卦静爻者非。

搜用神之方，莫备于飞伏。伏克飞者出，飞生伏者得，飞克伏者灭，伏生飞者没，飞伏比和者拔，飞神空者易推，伏神空破死绝者不举，而出不出分焉。是以伏神灭没者虽临日月而不取也；飞神破散，伏神虽生旺而无功也。先用世下伏，次动下伏，次静下伏。此飞伏之当搜也。

注：此言用爻之求，飞伏为详，虽临日月不取，止用虚悬日月也。此灭没破散，言其静也。

定旺衰之权，莫专于日月。日月之象，为君主，为将令，爻神孰能忤之？故虽旺动世应之爻，莫不咸服其化。日月克之，动变生之，云贪生而忘克；动变克之，日月生之，如被溺而得援。日建不受三旬之破，月建不落一旬之空，化克破而无伤，化空退而不碍。故月建以旺、相、休、囚、死之法为主。须知金生之内有克，土绝之内有生也。日将以长生十二法参之。月冲破，日冲散；月重克，日重绝；日有随墓助伤，而月则无也，故日尤亲。此日月之当权也。

注：此言旺衰专凭日月，月重旺、相、休、囚、死五法，日重长生、帝旺、墓绝也。

于是而辨其合冲，有卦爻之分。卦六冲，始即冲也；合处逢冲，冲其中也；合处变冲，冲其后也。若爻合而冲，成而解也；爻冲而合，战而和也；动合而绊，静合而起也。故合法有三：有生合、克合、刑合，盖生合吉而克合凶，刑次之。

冲法有五：相扶而冲者谓之暗动，一也；相绝而冲者谓之散，不及暗动，二也；相胎而冲者，我克为动，克我为散，三也；胎绝之冲，旺相为动，休囚为散，四也；暗冲之散胜动冲之散，动散无暗散敝，五也。

暗动之象，吉凶祸福，隐然而来；暗散之象，吉凶祸福，默然而去也。自冲有三：谓卦内动爻自相冲也，力相敌者皆散，一也；临日月不散，二也；一旺一衰，则衰散而旺动，三也。此合冲之当分也。

注：此言合冲轻重，冲法尤详《日冲》本篇。

于是而辨其月破旬空。旬空之法有八：月破而空，谓之坏空，一也；月克而空，谓之全空，二也；月生日克，日生月克，谓之克空，三也；无生无克，谓之安空，四也；日月独生，谓之半空，五也；日月生扶，谓之旺相空，旬内空而旬外实，六也；日冲则实，动空则实，月建临之则实，皆谓之填实空，七也；动空而遭破，纵动无功，空冲而遇绝散，虽冲不力，八也。若伏藏之空、阴阳之空、旬首旬尾之空，数学所有，然非所深论也。月破之法有三：破临鬼动而凶，破临动冲而无，一也；临日不破，二也；遇时不破，三也。此空破之当分也。

注：此言空破深浅，遇时月破之爻，及后值月而不破也。

于是而参之刑害局化。刑害之法，仍权于五行之生克为轻重。子卯之刑，刑轻而生重也；酉戌之害，生深而害浅也。盖刑为耻辱，害为怨离也。局化之法，局用其中支，化重其日干，故我遇破、空、绝、散，是云徒合；有寅戌而无午，是名假局。六气用常，五运用特。爻干不发，则无运本。日干不合，则无化因。此刑、害、局、化之难执也。

注：此言刑、害、局、化四法，参用而不可执也。

于是而参之六神星煞。六爻之用，必以六亲为本。子孙驾青龙而称庆，玄武失官鬼而非偷。星煞吉凶，必以爻神为本。贵人见而官文两陷，未遂凌云；子孙空而天喜乍临，岂皆梦日？此六神星煞之难泥也。

注：此言六神星煞，参看而不当泥也。

合而论之，则用爻为独重。尝总其吉凶轻重而辨之，盖十有八法焉。一曰日神，二曰月将，言用临日月也。三曰旺，日月之扶也。四曰相，日月之生也。五曰生，生言贪生忘克，转转来生也。六曰变生，七曰动生，变生亲而动生疏也。八曰安，无伤而无泄也。八者用神全吉之象也。九曰有玷，或日克而月生，或月克而日生，吉之半也。十曰旺相空，吉之又半也。十一曰安空，有生无克，求多不得而未至丧也。此用神半吉之象也。十二曰泄气，谓日月动爻皆泄用神之气，物不生矣。重于安空，有生仅全，有克乃没；十三曰死气，虽不遇空破，而日月动爻或一再克之，而无明暗之生，亦重于安空也。十四曰日破，日月克伤，时令休囚，爻神被冲，破其半矣，又重于死气也。十五曰月破，破而尚存其质也。十六曰克空，日月动爻克之且空，是无救也。十七曰竟无，谓日月飞伏变互，皆不得其用爻，又重于克空矣。十八曰散，谓动逢日神变动之冲而散，虽救之无从，是谓大凶。此用神凶陷之象也。本此而精研之，而后吉凶之轻重无惑矣。

注：此看用爻十八法，最为卜筮之要，唯竟无若当时相及一象来生，犹胜于死气。

明于此而吉凶之占，刻期而定矣。刻期之法，卦无用而值日成，忌爻动而填用灭，主象空而冲可获，用爻旺而墓乃收，绝逢生而出焉，衰遇扶而成矣。

注：此定日刻期之秘。忌爻动而用避之，佳其避也，后用值填实，反宜慎之。

明于此而先圣之旨无遁情矣。先圣之旨，未索其善而先索其不善，未搜其利而先搜其不利。盖既无其不善，而后索其善而善之；既无其不利，而后搜其利而利之。此卜筮之秘也。瞽以凉德，不幸而盲于目，幸从师友得闻圣贤之遗书，竭神明之通变，敢自惜其一得，而使微言遂成绝学乎？唯后之学易者，毋以小道忽也。

注：此总看卦爻用象大法也。

国事章第四十二

注：内详迁都、建庙、择后、立储、改制、享国诸问。

为国之要，必以进忠良，为万民之福，故福爻不可失也；必以退奸宄，去四海之疾，故鬼象不可动也。

注：凡国占皆喜福临，而恶鬼动，此其大象也。

是以内为邦畿，外为人民，卦宫安旺而国祚长，爻象合和而宗社久；冲莫见于正之，合莫被于破害，则天下和平，而国家奠安矣。

注：次观旺衰动静合冲。

皇陛亲占，以世爻为主象，宜临日月生扶；臣下筮国，以九五当尊位，忌随墓空破。亲占而应合世者，后德著于樛木；臣占而二持福者，母仪冠于掖庭。

注：臣子占五为君，二为后，故云。

推之爻位，初为国本，二为士人，三乃万方之守牧，四为九州之屏藩，上为宗庙之爻。俱恶鬼而喜福，喜安旺而恶动摇。推之六亲，鬼者，国之患也，又为巨寇；福者，国之储也，又为良臣；财者，国之赋也，又为阍寺；兄弟者，国之聚敛也，又为宗支；父母者，山川城郭也，又为诏令。

注：观其所临所属，如鬼动乾宫，西北有事，福临三位，守牧得人之类。

是以鬼空内而无内衅，鬼发外而有外攘。近五而防佞臣，附三而戒酷吏，患在二而士横，患在初而民困。虎官不发于金乡，则无干戈；武鬼不扬于水地，则无泛潦。如火鬼螣蛇，岁忧火患；土官朱雀，年虑蝗灾。

注：凡鬼发内外、何宫、何位、何属，皆宜慎之，干蛊防奸，庙算当豫也。

子孙遇木而旺相，岁稔桑麻；妻财遇土而兴隆，年丰田野；父母值巳午而见，当启文明。子在青龙，则文士彬彬；子临白虎，则武功烈烈。动朱雀，善弹劾之章；摇玄武，懿宫闱之德。勾陈得田畯之喜，螣蛇籍使臣之力。

注：凡福临五行六亲六神，俱是祯应，故福摇玄武，亦为后宫之美。

如问迁都，犹迁居也，当以外旺为凭，鬼兴为忌。如问建庙，犹奉灵也，当以三冲六坏鬼动鬼疾鬼克为忌。

注：迁都建庙，皆忌贞冲、悔冲、合处逢冲之例。六爻太庙所属，故不可破散；鬼为太灵，故不可鬼动、鬼空、鬼散及鬼克世也。

择后犹婚姻也，财在何宫，当应何所。

注：如财在中爻，当得晋女，财在内卦，当应本乡。

立储喜子孙跨于日月，改制忧官鬼发于强梁。若占享国几何，以岁为纪，有岁则一位一元，再之亦一位一元。然必考其本宫之旺衰、鬼象之动静，方可推而定也。

注：岁司年历国祚，如己亥年，得丁亥太岁，有六元之运，又以内卦参之，鬼动权之，方可推也。

闻之先贤曰："以正得国、以德守国者常；以力得国、以暴守国者不常。"天命之矣，宁俟筮哉？且天授之学者仁知，人授之学者象数，安能以人授之学，测天命之微？唯述旧闻，以备昭格，占者慎之。

军机章第四十三

注：内详立营、攻守、水陆、迟速、遣将、用计、拜将、用间、问守、问战、问款、问降、时日、防守、防刺、行刺、内应、火攻、因粮、讨战、沿剿、求援、求济、救援、守城、敌来、被困等问。

国事之大，莫大于用兵。古圣王慎之，盖尽人力以应天功，亦尝谋于蓍而作外也。出师之要，先分彼我，形成主客，专以世应为凭。统论安攘，则以福鬼而断。世为我，应为敌，喜世强而制应；福为兵，鬼为寇，宜于旺而克官。庙算胜负于是见矣。

注：兵占先观世应，世克应则胜，应克世则负，世应比和则胜岁难分等，世生应者我怯，应生世者彼让。复考子孙为我兵，旺相发动则勇往，休囚空破则不挧；鬼为彼贼，旺相强梁，休囚披靡。如世坏，虽克应动子孙，亦曳甲而归；若应坏，虽克世动官鬼，亦夺旗而返。

如问立营下寨，安危凭鬼，而内外毋墓绝反伏空破，犯则麾幕不安；两象毋冲击，犯则将士离心，不可次舍。

注：筮兵次舍，最忌鬼摇，恐为敌人劫掠。最恶内卦犯疾，及六冲、上下乖离。

问城攻守，兵行水陆，战利迟速，及遣将用计，意在必胜，皆以世应占之。若朝廷拜将，及择人用间者，乃三军之大任，必仁勇达变，当以宾应辨也。

注：六占皆论胜负，惟忌世坏及应克世，而随官入墓、助鬼伤身，主有覆军之败。惟用间不同，类于嘱托，应爻空破散绝，机谋泄漏；应爻克冲世位，乃反奸之徒。君著任将，亦如用间之法。盖古之用兵，莫大于求将，莫难于用间，或内结骨肉，或谊兼师友，故用宾应也。

问守问战，当以胜负分彼我；问款问降，当以忠奸察应爻。

时日利战，得时而我利；防守无虞，鬼动而来侵。应克世为蚕食也。

注：得应坏世克应，则成百战百胜之功；世坏应克世，则忍三战三怯之耻。敌降于己，己款于敌，皆察应爻真伪，忌应克世。若卜日时之占，如用兵于秋时，则利金爻持世；出师于亥日，则利火爻属应也。

防刺鬼为刺客也，恶其动；行刺应为所刺也，好其疾。

注：若随墓助伤，防刺大凶，鬼动鬼克世亦凶，惟空破为吉。行刺应坏敌人数尽，可以得志；或世坏随墓助伤，敌人虽灭，我亦随亡；或鬼兴而世旺，敌虽刺我，我数未终也。吉内藏凶，凶中有吉，辨之。

用应如用间，用火如用计，鬼动则谋败焉。因粮于敌，截饷于途，财旺则计得焉。

注：内应可任，法如用间，但不可鬼动，则功未成而先败；用火法如用计，务在胜负，然水火为民害之大者，亦忌鬼动，或谋泄流祸。

盖或寇有地而用应，寇无地而用鬼。是以两军对迎，法世应之克生；四野剿除，度鬼福之强弱也。

注：若据城郭，成两军之势，则考世应生克虚实以为胜负。如流寇无定，必四向剿灭之，则论福鬼强弱。

飞檄求援，应疾则为不援，克世则为不轨。上书求济，六冲五疑，君象冲克世爻，则不允济。同仇相援，则如用师也。

注：应空破散，则无周急之情；应克世爻，非惟不援，尚有他奸也。五爻空破散绝，谓之五疑，盖五爻为君，克冲世爻，恐逆耳不允。彼困我救，断如用师。

筮城虑破，鬼动鬼克则危。筮敌来期，应克应动则速。筮军被困，世墓世伤则凶也。

注：若患破城，不拘父母，反专官鬼，发动克世则危。

故兵法不一，象理非二。凡主帅空而中军折，贼首空而敌人逃。生我之动爻，喜有援兵；克我之动爻，恶其助敌。犹有彼虽败而不能胜彼，谓其有生也；己虽伤而不能害己，谓我有扶也。全盛而衰，将靡而起，进退反复，存乎爻尔。

注：主帅谓世，贼首谓应。全盛而衰谓动冲，将靡而起谓绝生。

惟鬼不可得时势，恐其害成；不可遇长生，恐其难灭；不可临胎养，恐其方兴；不可暗动，兼伏鬼克世，恐其谋刺；不可上下克世，恐其内应外通。

注：上下鬼克世，即内外鬼也。

欲视贼人之布何策、用何兵、进何道，我将何以应之、何以克之、何以取之，俱验五行八卦消息而已。故鬼动内而防间谋，鬼发外而虑野战。鬼动乾宫，伏兵于庙；官兴巽卦，匿从于林。坤鬼是戒纳降，震鬼非当却叛。艮忌冈陵之困，离忧市井之攻。兑毋信其说口，坎毋听其诱语也。

注：此言八卦取象，盖鬼之所现，即敌之所谋。坤顺鬼动，其降非真；震振鬼摇，却叛必变。兑为口，为悦，则说言必诈；坎为耳，为陷，则卑辞必谋也。其余类推。

火鬼动，非劫寨而谋于纵火；水鬼动，非水淹而计于囊沙。金为流矢之凶，木为胶舟之诈。款为平原之战，起于离而南来，发于坎而北犯。艮坤敌出于山阜，震巽寇自于丰木。乾以老弱骗吾军士之心，兑以子女惑吾兵卒之志也。

注：复言八卦及五行取义，或云木有生兵、土有坑陷。夫敌进退布策，惟深心测度官鬼情形，取象取义，可得之矣。

子孙动水，则利于水战；福爻动火，则利于火攻。土以炮石胜，金以弓矢胜，木以舟车胜也。子动坤宫，屯兵相助；福兴震卦，壮士来归。乾为丈人之良谋，艮为少年之秘计。坎当外示其弱，离当内示其虚。兑当饰以卑词，巽当勇于趋进。皆发子孙，而取胜也。

注：兵占福临皆吉，或属五行，或现何宫，各以象推。

然父母为彼我之机关，妻财为彼我之兵甲，兄弟为彼我之埋伏。鬼为贼众，子为将士，考生克衰旺以分美恶也。

注：兵占六亲之分如此，父母为计策，亦为军师。

是以鬼临吉神，纵吉而不吉；福居凶煞，纵凶而不凶。且有子化官者叛，官化子者降；飞伏官而随减随起，内外子而屡战屡捷。阳为正兵，阴为奇兵，子孙官鬼以别其利也。合则结，冲则绝，静应守，动应攻。常说决策在人，成谋在天。盖筮蓍之从，鬼爻之情，喜直而恶曲，辅仁而伐暴，占者鉴之。

天时章第四十四

注：内详占雷、占风、占雾、占雪、占水、占冰六问。

晴雨之占，不可以自试其术而轻渎鬼神。如亢旱而求雨，霪雨而祈晴，心切民瘼，圣贤来告矣。凡有所占，法宜分请。卜晴者，法以子孙为日月，盖日月照临万宝以成，故取财元也，或当于发动、现于旺相、值于日月，则天将霁矣。

注："分请"谓意在祈晴，意在祈雨。晴以子孙为用，雨以父母为用，则易辩也。

卜雨者，法以父母为天地，盖天地闭而日月掩，父动子伤，故取子忌也。父母旺动而雨速，衰动而雨小，冲散将雨复晴，暗动雨将作，月破作而无雨，化克将止，化子孙雨中日月，化兄弟雨后风生，化鬼则雷雨并至，化父则霪霖更作也。

注：祈晴察子象，亦同此推之，不出旺衰动静合冲而断也。

古人常以水为雨，火为日，阴为晦，阳为霁，世为地，应为天，未为尽善，必察子父临水火阴阳世应之位，而后定焉。若执而言之，则夏必多晴，冬必多雨，甲申午空不晴，甲寅子空不雨哉？是以夏火父动而雨霖，冬水子兴而日出，不可惑也。

注：此言父母子孙为重，水火阴阳不能泥也。如午建辛卯日占晴，得睽之未济，雨至己酉日方霁，则可法矣。

虽云父雨子晴，而有卦象合冲之法，则不拘于二者。是故得乾离者，日月照于九天，得坎兑者，滂沱遍于四野，此从卦断也。夫六合则云迎而雨降，六冲则晦散而日升；先冲后合，昼晴而夜雨，先合后冲，朝晦而午霁，此从合冲断也。故从合冲断，则用神为轻，从卦象断，则合冲又轻，不可不知也。

注：此言卦象及冲合为重，父母子孙不能执也。如申建甲寅日占雨得旅，次日大雨，卦虽无父，因六合而乙卯值父故也。

天地之鬼神曰雷霆，以官鬼像之；天地之呼吸曰风云，以兄弟像之；生育我者天地，以父母像之；滋百果草木之生者日月，以子孙像之；收天地之阴晦者虹霓，以妻财像之。

注：鬼神为雷霆，则雹同推；兄弟为风云，则沙同推。

篮风有无，惟以兄弟之衰旺；篮风顺逆，当以比肩之克生。雾以比肩，雪以父母，喜而求诸有，忌而求诸无。兼摄他事，又以义起。

注：如子建丙申日，客来忧雪，得无妄之否，是日不雪，客至。乃用卜行人，应克世故来也。若以父动为雪则惑。大抵用爻在占者意之所重。

冰与水，驾舟者常占。若父旺动，水平行而长驱；如父破空，冰连结而不进。盖舟车以父为用也。

注：冰水无阻，舟车易进，冰水有阻，舟车难前，故反以父母为用。如占久晴害田，久雨害蚕，则财福为用。余以类推。

叩天何日雨者，父母逢生遇冲所值之期也；何日晴者，子孙当见之神也。而占法或以月卜，或以日卜，或以旬卜，或以时卜，不可溷也。如巳爻子孙，巳日晴，而后巳日雨者，故宜分请。问天道者，当如是也。

注：当见，谓干支皆值也。如庚辰年，瞽初游武林，霉雨不止，午建甲申日，顾观察忧民禾，命占晴，得渐之涣。

申动子孙，当日不霁，及丙申日子孙当见，而后大晴。然卦内无财，秋成应饥，盖其属意占晴，意在秋成，故无财亦验尔。

天道渺茫，晴雨非遍，常有河北霁而河南晦者，是以占所占之地，祷所祷之期，分请之法，宜如是也。

岁事章第四十五

注：内详丰荒、田蚕、兵凶、疾疫、水旱、分野诸事。

岁之成熟为丰，时之安平为泰。夫丰所谓天施地育，物阜民饶，故取用以财，盖万物以财为象也。是以财有气而五谷登，财无病而百果结。

注：占丰歉以财，占治乱以鬼，此岁占大象也。

财实火木，利春夏之耕；财值水金，宜秋冬之树植。子空则蚕妇徒劳，财陷则农夫失望。

注：以时以象言之，子为蚕，田为财也。

夫鬼为时之祸患也，宜静不宜动，动则四方多难；最不利于金官，恐干戈满地；亦不宜于土鬼，防瘟疫流行。水为淹没之灾，木为桑麻之难，火为焦枯之患，及炎火之忧也。

动兼螣蛇，非妖兴闾里，则痘损婴儿；动兼勾陈，非螟蝗害稼，则土地多荒；动兼白虎，非兵革顿起，则虎豹来游；动兼青龙，寒曝失时，而花果谢实；动兼朱雀，主流言横议，而民口难防；动兼玄武，主雀耗鼠损，而弭盗无术。是以五行六爻，皆不可值鬼动也。

注：龙本属吉，鬼扰起凶也。

财化鬼者，薄于西成；鬼化财者，难于东作；官化子者，则有致治之政；子化官者，则有兆乱之机。

注：鬼化财，虽难于东作而有收，不如化鬼之甚也。

若筮天下则丰歉不均，所以动于巳而楚荒，摇于震而东乱也。

注：乾分冀州，坎分幽州，艮分青州，震分兖州，巽分徐州，离分扬州，坤分荆州，兑分雍州，中为豫州也。盖中宫附入坤分，如九星天禽，附入天芮之意也。子分齐，丑分吴，寅分燕，卯分宋，辰分郑，巳分楚，午分周，未分秦，申分晋，酉分赵，戌分鲁，亥分魏也。盖鬼动是分，则是地多难，其所在所临之官爻，亦有小厄，但静则不甚尔。

是以鬼从初而物杀，鬼从二而民瘼，鬼从上而天怒，鬼从三而吏苛，于五君忧，于四臣辱。其法惟以财实为丰穰，鬼动为荒乱，其义如此。

注：鬼动是位，妖作是处，虽静不凶，亦有小疾。

身命章第四十六

注：谓我身受命于天也，此宜有专问，则授命如响。内详寿夭、富贵、道业、妻子、趋避、大限、小限之法

告圣贤曰：我生成败得失亨困何如？即世爻不可病也。世爻不病，则成而不败，得而不失，亨而不困矣。故曰：世乃平生之本也。

注：一生成败，独世主张。无休囚伤退，谓之无疾；有空破散绝，谓之有病。若父子夫妇弟兄请占，当分用神。

随官入墓、助鬼伤身，常防病患；伏吟反吟，化居墓绝，难免迍邅；正冲悔冲，合处逢冲，终多得失。此平生之概也。

若有专筮，则有特告焉。筮曰：寿夭何如？则破散空冲定之夭，日月旺相定之寿。旬空限绝，天克地冲，是其考终也。推而深之，虽日月可知也。自占凭世，六亲凭用，旧专执父母为寿者非也。

注：旬空，谓后来年旬空限绝，谓后来行绝限。如戊子生人，丁丑寅建辛亥日占自寿，得师，世爻绝亥生寅，其寿未已，及戊子年孟秋令寝，乃甲申旬空午，子岁破午，十年后行午限绝亥，庚申又破寅生，是以终也。余仿此。

筮曰：我能贵乎？官父贵之本也。以学而得名者，必父爻之高明；以功而得名者，必官象之昌隆。以位而卜其禄之尊卑，以会而卜其成之岁月。

以八卦为方隅，以五行为司属，以六神为班列。金为兵刑，水主河海，土主税赋，火主礼仪，木主考工。乾为西北，巽为东南。三为守牧，五为台省。龙为文翰，虎为武卫，雀为言路，元为水利，陈为地土，蛇为使节。生旺则得，死墓则失。而官制代更，则随义而起也。

注：以文章取进，则专用父母，贡举亦然；以事例擢拔，专用官鬼，从武袭爵亦然。官立四五之位则显，文临当现之年则第，官值生旺之岁则拜，五行为司，八宫为方，六神为职，六爻为级。

筮曰：我能富乎？财福富之本也。生平之挥霍者财，旺则有余；生平之安乐者福，强则多庆。惟有财而无福者富而忧，有福而无财者贫而乐。然必以身受之，故世爻不可伤也。

注：问富贵先看世象生旺，世空无成，世破不享，世散绝则不终也。

且问道而忌六冲，问妻而忌财陷，皆不可以世空也。问子而忌子虚，旺相则多，休囚则少，空散则刑，克冲则暴，带吉神而贤良，加凶神而顽劣，跨身世而迈种，登日月而昌荣。占弟兄者亦如之。

注：若世爻被子孙冲克，则男女忤逆。凡问父母更有兄弟否，则视兄弟，其他皆卜子孙。

如问趋避，则福为我所趋，鬼为我所避。官鬼克世者，不以贵言也。火鬼克身而忧焚，水官伤世而患溺，带白虎则避兵凶，加玄武则防盗贼，虽青龙亦恐惑于酒色也。所以鬼属之物不可食，鬼发之宫不可适。丑鬼戒牛，卯鬼戒兔，戌为疯犬，午为狂驴。鬼发兑而毋妮少妇，鬼发乾而毋老僧。鬼发雀符而防官非之扰，鬼发陈蛇而招轻诺之凶。发于离而目翳，发于震而足跂。于金则病肺，于火则病血。鬼发游魂而莫近于新所，鬼发归魂而莫还于旧乡。生合世之方宜往，克冲世之方宜回。生合之人可交，克冲之人宜远也。

注：以五行六神八宫诸星及十二支所属鬼动，近取诸身，远取诸物，而趋避得矣。

夫艮发子爻，利修身于山谷；乾兴福象，宜砥节于朝堂。巽求花果之财，震觅舟航之息，兑以酒食之资，坤以庄田之益。动于木上，应守业于桑麻；摇于水中，宜治生于江海。火向炉煅之肆，金趋玉石之门。而土惟诚信，耕耘可也。

常谓虎财宜屠，雀财宜优，龙财宜乐，麟财宜技，蛇财宜商，武财宜肆。无财而有官者，技善巫医；无官而有财者，运宜商贾。

注：福乃财之源，财乃利之主，故财福所适八宫六神五属，皆为资生之处、功业之乡。如子发乾宫，殿折庭诤，亦无祸也，不可以子动伤官为言。若专问仕途，仍复为忌。

世临子孙者，恬澹宽和，宜僧宜道；世临官鬼者，英雄勇悍，宜武宜文；世临父母者，是谓生我于劳；世临妻财者，是谓溺我以豫；世临兄弟者，是谓义利相胜也。

注：父母为劳碌之神，故像操持；妻财为饶豫之像，故戒骄溺；弟兄以义相亲，以利相疏，占者义利持中，否则主贫也。

世折于木者，修仁以植之；世崩于土者，立信以培之。世空而安者，莫若离尘；世空而动者，莫若奋志。动而冲散戒骄盈，动而生扶善结纳。

注：此勉人迁善之法。盖五行具五常，木仁金义火礼水智土信是也。设如木爻持世，或遇空破散绝，谓于仁有亏，非夭即疾，苟能修仁以植其木，则夭疾可延也。其他类推。

无父母曰孤而依，无子孙曰独而继。无妻财而有子孙者，孕于他妇；无父母而有弟兄者，胞于异母。官坐世者夫纲整，财坐应者妻德备。卦空破而出寒微，宫旺相而产豪富。官父伏而有气者，成名于暮年；财福藏而无伤者，起家于晚岁。

注：无六亲，此言其大象，或伤于前，或损于后，不可执也。

两官者兼御之官，两父者再试之第，两身者再立之基，两财者再婚之约，两子孙者男女嫡庶，两弟兄者手足同异也。

注：其详备两现章中。

变官而登日月之上，则是意外之官；变财而入旺相之中，则非望内之财也。动克世而多尤，动生世而多助。进神则祸福愈彰，退神则吉凶渐已。用神遇绝生者，先困后亨；用神遇有无者，始华终悴。

注：此言吉凶征胜之道，卦无官鬼，非善求名，若变有日月官爻，当应特遇爵禄；世财逢绝，生平失利，如或长生，则先败而后成。盖动生世，好我者多；动克世，恶我者众。

犹有犯六害而手足参商，犯三刑而骨肉仇敌。贵人、文昌、天喜、天禄及诸星有吉，亦必因吉而后求之；羊刃、天贼、官符、天狱及诸星有凶，亦必因凶而后索之。语云：“八卦成例，五行先之，六亲随之，六神象之，诸星辅相之。”吉凶相称，扶阳抑阴，遏恶扬善，而后可以筮趋避之验也。

注：此言星煞吉凶，若用神得地，然后以吉星符之；用神失位，然后以凶星象之。如丙戌子建戊申日，戊午生人，占身得小过之艮，世命投墓，本主寿夭，其午上有天贼、玄武、羊刃、大白虎之临，后戊子季秋为贼所杀，可见因其凶而像之也。倘或身命求贵，官临日月，而同白虎羊刃，则应"太阿可握，兵衡可操"矣。故曰六神像之，诸星辅相之。法宜如此。

大限自贞之初爻，以顺巡乎悔之初爻，悔之初爻以顺巡至乎伏之初爻，伏之初爻以顺巡乎贞之初爻。阴阳之数，九变乃还，故九十复归贞初。三世再始，无变从互，去闰从时。有言胎元体骨之别，乃谓初生，筮而以告也。年五十而筮之，则所往成败利钝以历，吉凶何求？

《易》云"占事知来"，则必以所筮日时而始推初爻也。其吉凶，以空破为危，冲散为戒，遇用为得，会忌为失，生合则顺，克冲则逆。

五年中加以小限齐之，是筮之日而始发于世爻，顺而上下，周而循环，一年一位，其吉凶亦法式于大限。

而再以岁齐之，其吉凶以虚而喜实，绝而喜生，无而喜见如此。

注：法曰：大限五年一位，始自初爻；小限一载一位，起自世爻。弥月婴儿，筮用此例，其余少壮，皆以所筮之日时，起大限小限于初爻世爻也。无变用互，从时，以占时节气为准。如今占惊蛰，则以来年惊蛰为一年也，闰不算。《易》之所谓"占事知来"，不占往也。大限以小限参之，小限以岁月参之，虚宜实，绝宜生，无宜见而已。大小之限，俱忌空破散绝克冲及忌神之地，宜日月旺相生合及元神之乡。如己丑寅建庚午日，己巳命占贵，得损之剥，卯官发见，当第辛卯，然大限巳文书化未兄弟，小限三年在子，是岁失利；后甲午榜，大限在卯，小限亦在卯，乃元神之乡，其年中式。余仿此。

盖大限、小限、流年，必先考流年之用忌，次详大限之休咎，复索小限之吉凶。其轻重有等级，占者审之。

盖其限同也，其占殊也。是以筮上而用于父母，伯叔同焉；筮下而用于子孙，甥侄同焉；筮室家而用于妻财，仆妾同焉；筮手足而用于弟兄，宗娣同焉。丈夫用官，良朋用应，而不可错审也。用神是定，造化乃分，然筮者无侥幸之心，无固必之意，而后神告之矣。

年运章第四十七

圣人作《易》，以前民用，使天下知吉凶，而为趋避也。故虽圣哲，不废蓍龟。然占者须分远近，或筮三年，或筮今岁，皆以世爻为本。故世爻旺者身安，鬼爻静者灾息。随官入墓、助鬼伤身，则讼起而疾作也；反吟伏吟、化居墓绝，大病将至也。此年运之要也。

注：反吟伏吟墓绝，当察主属，若身系长男，伏吟则恶，身属中女，反吟则凶之类，非是皆不忌也。

且世空有谋而虚望，世破无故而致灾。动则劳，静则逸。冲为行未举而先疑，散为事未成而随败。旺相则事每顺成，休囚则往多淹滞。

注：年运占法，实系世爻，若日月生扶，旺相安静则吉，空破散绝，休囚发动则少安也。

犹有得坎艮而忌出行，得屯蹇而忌拜疏，得井而难迁，得遁而不进，得姤而毋耽女色，得无妄而毋事妄求，得小过而毋留怨于小人，得兑而毋纵其口，则占者之戒也，然必因鬼动而推之。

注：此以卦象趋避，然必兼鬼爻发动，若鬼静则莫将卦名推

祸福也。盖官鬼为年运之忌神，谓不宜老；世爻为年运之用神，谓不宜病。

然鬼发之卦，及鬼发之爻，亦有戒也。动于坤，则老母、土田、文章、坵墓、大舆，而缘于祸；动于坎，则江河、丛棘、盗贼、酒食、心病、耳痛，而兆诸殃；动于震，则舟车、旌旗、仙道、长子、尚武、宿怒，而生其咎；乾常应朝庭、寺院、西北、乘马、折舆之忧；巽常应风姨、悍妇、园林、利赂、鸡鹅之病；艮为童稚、坟塚、阍寺、狗啮、虎惊之由；是以目昏、腹大、戈兵、甲胄、南行而受患者，起之离；花柳、轻狂、师尼邪惑、以言而取怨者，起之兑也。伸八卦之象，像万类之形，而趋避兆矣。

注：此以广八卦为祸福趋避之象，余可引而申之。

以六神而分，龙喜、虎丧、雀非、武盗、蛇惊、勾滞之别，以六爻而分老长幼之等。盖鬼动于五，父不安，动于初，子不宁也。

注：龙曰喜，虎曰丧，雀曰非，武曰盗，螣蛇虚浮，勾陈迟滞也。初子二妻三弟兄，四母五父上祖也。

以六亲之化，而分父母、兄弟、妻子之疾，及为我难。盖弟兄化鬼而鹡鸰飞，鬼化子孙而麟趾戚，鬼化财而牝鸡鸣晨，财化鬼而孤雄啼夜也。

注：子孙化鬼，卑幼兆灾；鬼化弟兄，手足召祸；鬼化父母，忧及尊长；父母化鬼，患发文书也。此重独发。

以世应分彼我，以傍间为连勾，以阴阳为现在将来，以旺衰为大小，以星煞为事端，此避凶之道也。

注：世鬼自己之祸，应鬼他累之祸，傍间鬼勾连之祸。阳现阴隐，旺大衰小，星煞以符其事。如桃花，则妇人之祸；若天贼，则穿窬之害也。他以类详。

夫官文静旺，宜以求名；财福生扶，宜以问利。子旺贵人，诞儿跨灶；应财生世，得妇齐眉。盖爻神得地，鬼象不兴，此趋吉之道也。

注：世既旺矣，鬼既静矣，然后索卦爻上下，或何象持世应、临日月、居发动、分生克，以为吉可趋也。

大抵年运之占，避凶为先，趋吉为次。故吉欲其自无而有，则必年运之生旺用神也；凶欲其自有而无，则必年运之制伏忌神也。以吉忌推衰旺，以岁月合世爻。巳世逢亥月而遭迍，酉世逢辰年而得济，乃其法也。审此，而吉凶趋避之道，思过半矣。

注：如时下乏嗣，年运内逢子生，当岁即孕；时下构讼，年运内逢官鬼墓绝，其词乃灭；如卦中有元官之发，年运内值岁而方见；如世爻落空，年运少利，后值太岁，是年诸事可图也。先求避凶，后求趋吉，一动一静，不可忽也。

卜居章第四十八

注：内详新旧居、还旧、合新、共居、创造、兴修、年月、匠工、庙宇、道场、公署、馆地、蚕室、仓栈、贾肆等问。

日之所作，夜之所息，出入无不由中，当先求其安，后择其利。故官鬼于居为殃害、为妖孽、为火盗、为官丧，动则有其事也。已住之居卜内卦，未住之居卜外卦，不遇正冲悔冲合冲、反吟伏吟、墓绝空破，而逢旺相胎没之卦则吉。卦司气象，气象旺而家业昌；鬼司祸殃，祸殃作而门户警。

注：卜居之法，先察卦临旺相，后问福财。

如鬼动于火，天垂荧惑之殃；鬼动于水，地受横流之害。雀非武盗，蛇怪虎丧。在世则主人少安，在应则宅母失利。盖以鬼动何爻，而兆祸之报也。

注：五行所司，木鬼主风波，土鬼主瘟疫，金鬼主兵丧。六神所司，青龙鬼为喜伪，勾陈鬼为田荒。六爻所司，初井二灶三床席，四为门户，五为路为人，六为栋宇墙壁。鬼若动此，祸则从之。

卜基之形，父母旺而房屋宽，官鬼实而厅堂整，妻财丰而仓厨盈，子孙破而廊厢损，兄弟陷而墙垣倾，世应空而村乡冷。

注：父母覆庇，屋之象也；官鬼宾客，厅之象也；妻财饮食，厨之象也；子孙卑小，披之象也；兄弟护卫，厮之象也。

旧居久否，三冲及游魂、世动世空而难为长策；新居吉否，三冲鬼动、外卦病伤而未是乔迁。复还旧居，虽未并而占内卦；会合新居，虽已就而卜外爻。

注：冲则不长，游则不定，空则不处，动则不留也。外卦病伤，如反伏吟、卦墓绝也。旧居重还，亦占内卦，新居虽得，亦察外卦。

与人共居，应空破而不我顾，应冲克而非我从，贞悔合冲，朝入室而暮操戈之人也。

注：亲人共居，属在用神，他人共居，属在应爻。

卜创造，利在安久，亦忌三冲。内衰而鬼动也，卜兴修防有妨碍。官克世而犯阴阳，鬼值动而起灾咎。选择年月，鬼动以为忌，克世以为凶。匠工，应坏为拙，克世为诈，六冲则不终也。

注：造作兴修，皆忌鬼发。

卜居庙宇，专忌鬼发；占建道场，专喜福兴；占兴公署，官旺而爵迁，世空而解仕。卜馆地重文书，鬼动不可；占蚕室重子孙，官空是宜；占仓栈、优场、浴室、贾肆者，专务于财，无他求也。是故居求安，事求顺，谋求济，所以鬼发则不安，卦反则不顺，用失则不济，此卜居之法也。

注：卦反者，如三冲反伏墓绝空破之类。用失者，如心之所求，为财用财，为官用官之类。

茔葬章第四十九

注：内详地师、觅地、定穴、寿地、停厝、安灵、合附、买地、卖地、托守、修培、选日诸问。

古之卜地，以安亲之遗体，而非有他求。然一体之感，安危亦应后裔。所以子孙为祭祀，而不可衰也；世为主穴，而不可虚也。斯二者，地理之要也。

注：喜子孙遇日月旺相则喜，逢空破散绝则凶。复以世爻实而不虚，旺而不病，始可言善。盖空非真，散是风、蚁、沙、水，破为伤损，冲经开凿，临鬼为古墓也。

是故巽为风，坎为水，乾为石，兑为沙，离为蚁，蛊为虫，井为泉，明夷为伏尸，此八者，风水之卦忌也，虽世与子孙皆旺，不能为吉。且坟以久为利，墓以安为臧，所以贞悔遇冲，合处逢冲，大则洪泛陵夷，小则迁移更改，随官入墓，忌有古冢，皆不用也。

注：以世随鬼入墓，属土尤甚，右卦忌、爻忌，虽世实子旺不用也。

是故卜地之秘，不遇卦忌，不遇三冲，不遇世墓，世爻实而子孙旺者，尽善矣、尽美矣。子孙旺而官文得地者贵，子孙旺而财得地者富。子孙旺而遇帝旺者多男，子孙旺而遇长生者多寿。子孙旺而遇羊刃白虎者出武夫，子孙破者出残疾，子孙空者出僧道，子孙绝者覆宗嗣，子孙散者主生离。子孙休囚，而带孤神寡宿者出四茕；子孙休囚，而带玄武咸池者出淫奔。

子孙受伤于外卦及游魂者，主暴死他乡；子孙坏而带刃虎及金鬼独发者主戮，坏而及水火独发者主水灾火厄，坏而带符狱武贼者主盗讼。

注：此专察子孙衰旺，定其吉凶。

卜地之形，青龙空而左凹，白虎动而右凸，玄武陷而后虚，朱雀冲而前杂，间爻旺而明堂宽，上爻空而水口缺，勾陈实而来龙端，螣蛇冲而去路裂，应克世而案山高，应值空而印心侧。

注：以六神、六爻、世应分形势，以旺崇、衰卑、空虚、破碎、散乱、绝伤、冲损、动昂、合和、生世为助、克世为欺、坐鬼为尸。

旧传二为穴，乃地中爻也；蛇为穴，处穴之物也。此非通义。故专以世为主穴者，则变而不穷。于是乎金官持世，穴碍石岗；水官持世，穴入泉渠；木官持世，穴发竹木；火官持世，穴伏蛇虫；土官持世，穴乱坟壕。此必以子孙失位而云也，旺则不泥，虽临亦轻。盖以六兽六爻占其形，世占其穴，子占其福定矣。

注：二爻为穴，只有寅辰午亥丑巳卯，而十二支不全。巳曰蛇必在初爻，惟其不化，故法以世为穴，以其能变通也。鬼在世为穴病，若子孙日月旺相，则不拘焉，谓其可修补尔。大抵神与爻考其形势，世与福考其真伪。

卜地师美恶，先重其学，应不可破空；后重其心，应不可克世。父母旺而应爻虚，博览长而眼力短也。卜得地有无，有父母而有，无父母而无，及世不可空，空则有而不遇也。卜在何方，察所属之方，火南而水北；在何处，察所居之宫，艮山坤野，巽园坎沼；在何时，父母实而世合之期也。

注：觅地以世陷父空为戒，何方何所何时皆宜分卜。设或并祝，如瞽丁亥寅建丁未日，为父母觅地得否，世空不遇，及后辛卯五月始得，九月葬于朱村。验其卯岁实世，未附西南，五月合未得之，建戌葬之。互渐内得艮，未在坤，山足平原之所也。复

如癸巳岁戌建癸丑日，筮有地遇大畜，本岁不得，至来春正月，就地于南山，亦午父居艮，实寅世之征。

占穴上下，当以世爻推之，占穴吉凶，亦以子孙为断。

注：世在初二地穴宜下，世在三四人穴宜中，世在五六天穴宜上。

占六亲寿地，各以用爻，旺相为吉，而恶鬼动。若占地之臧否，仍以世爻子孙断之。厝柩于地，寄棺于庙，安灵于家，并灵喜怒，其法一也，惟亡者安而生者乐，则官鬼忌动空破，喜宁静生合，不可克世，而为吾灾害也。助鬼伤身，随官入墓，及正冲合冲变冲者，则不问官鬼如何，而直言不吉。若合葬傍埋，吉凶取用，同于地理。买地同谋望，卖地同脱货，托守同用人。改作裒益，选择年月，意在得吉，则世旺子兴；意在避凶，则官克鬼动。

注：买地，遇正冲合冲，及卦无官鬼、空世应者不就。卖地以财为用，托守以应为凭。改作修方，如值助伤随墓，官克世爻动者，毋修。

且夫坤艮之占，随时而凶吉；用爻之法，随事而变迁。故常以茔墓为千百年之大事，男女命之相关，卜者以诚，断者宜慎。若谋人之成穴，破人之吉地，地理得而天心怒，鬼神所不告也。

注：风水以六冲为戒，然春前占山之艮，秋后占地之坤，不可例言凶也。

家宅章第五十

家宅，一家之趋避也，莫不以安为乐，以顺为道，故官鬼戒其动也。夫克我为鬼为难，动则难作，所以象像而为祸也。是以水鬼动而远河川，土鬼动而莫堵宅，金鬼动而慎刀针，木鬼动而徒种植，火鬼动而防回禄，武鬼发而戒亡财，白虎为丧服之忧，朱雀为讼词之虑，螣蛇现怪异之端，勾陈起土田之衅。惟青龙利爵级文章，不利胎产及进丁口也。

注：青龙吉神，以同鬼发故不利，恐害生于喜尔。

动于坤艮，坟墓有疑；摇于兑乾，天神弗喜。震巽祸育于舟楫，棺椁停家；坎离患生于耳目，井灶失所。

注：此言鬼动八宫之象。震为棺，巽为椁，鬼动是宫，则应停棺寄椁之不安；坎为井，离为灶，鬼动是卦，则应井灶之不利。余可类推。

丑丧耕牛，午失良马。巳酉为蛇鸡之怪，人常齿目之灾；卯申为丧柩之凶，家主肝肺之病。子为鼫鼠舞庭堂，而家不祥；亥为神浆觥口腹，而主亡德。雀飞戌上，有狂犬啮足之虑；武入未中，有烹羊亡赂之叹。寅戒山林，有惊狼虎；辰休动作，恐犯社坛。

注：此言十二支鬼动之象。申为凶丧，卯为灵柩，鬼动是爻，则丧柩之碍；雀乃是非，武乃失脱，临鬼动于戌未之爻，则犬羊缘祸也。

又有鬼动于二老六子，而定其灾也。

注：乾为父，坤为母，震为长男，巽为长女，坎为中男，离为中女，艮为少男，兑为少女。如鬼动、鬼化及变爻鬼现，在坤为老母之灾，在震为长男之疾。变爻如革之咸，丙辰鬼入少男，当病幼子也。

又有乾首、坤腹、震足、巽股而定其病所也，有乾马、坤牛而定其亡畜也。

注：近取诸身，远取诸物，鬼动是宫，乃为是厄。坎耳离目、

艮手兑口，身之象也；震龙巽鸡，豕坎离雉，艮狗兑羊，物之象也。若能引申，亦犹如是。

又有离南坎北，而定其凶方也。

注：鬼动乾卦，莫行西北；官兴巽卦，毋往东南；兑鬼凶西，震鬼祸东；坤西南，艮东北之谓。鬼摇是卦，则为是方之咎。

又有上老下幼、五父二妻、四母三弟，而六爻分其不利也。

注：如上爻鬼，老者不安；初爻鬼，少者不宁。五为父，四为母，动鬼多灾；二为妻妾之未康，三为手足之致疾尔。

又有世五为宅长，应二为宅母，而宣其灾祥也。此五行、六神、八卦、十二支及六爻之义也。

注：世为夫，应为妇，五为宅长，二为宅母。鬼若临而动之，及空破散绝，则知其灾。福若居而摇之，及日月旺相，则知其庆。

随官入墓、助鬼伤身，谓其主难；伏吟、反吟、墓绝，谓其所属人之难。何命临鬼，何命随墓，何爻空破，何象动散，何命化对，何用伤害，则其为之灾。

注：凡随墓助伤，皆世爻之病，故曰主人有难。反伏墓绝，巽化反吟，长女之灾，乾化伏吟，老父之病，故曰所属之人有难。临鬼，如巳鬼蛇命者有难。命墓，如寅卯鬼墓未，则虎兔命者有殃。空破，如五爻空为父病，二爻破为妻厄。动散，如子爻动鼠命不祥，六爻散仆丁不利。化对，如未爻化鬼，羊命者厄；寅鬼冲申，猴命者疾。伤害，如子孙受伤，则卑幼迍邅；父母被害，则尊长忧厄。或断其何人之咎，而使知趋避。

子孙化鬼而卑幼病，妻财化鬼而妻妾灾。父母化鬼为长上之忧，弟兄化鬼为手足之忌。自筮而世爻化鬼、代占而应爻化鬼，皆所戒也。岂惟鬼动，化鬼亦戒焉；岂惟鬼化，而鬼入之宫亦戒焉。所以艮鬼由离，而少男抱恙；乾鬼入巽，而长女生殃。岂惟鬼入之卦如此，而鬼临之爻亦戒焉。所以龙乐虎丧、雀非武失、勾田螣怪，及世爻位，虽不鬼动，若鬼临之，遇生旺时，则其祸亦见，但不及动与持世之力尔。夫六神之为将，虽不鬼临，若发动持世，遇生旺之时，亦兆吉凶。月建六神力参之。

注：大小六神，吉凶类应，不惟值鬼，若发动，若持世，后遇生旺之时，乃见其事端。而大六神与相殊者，谓事端应于值月合月之时，兆祸福大而缓，不可执一而失权。如大玄武在戌动，当应卯丑之盗。

岂惟六神，亦稽星煞。天火天烛主火，天贼地贼主盗，官符天狱主讼狱，丧门主丧，天喜主喜，贵人主贵，文昌主文，天厨主禄，咸池主酒色，血刃主血疾，折煞主跌蹼，驿马主行，怪爻主怪之等。故吉事之星宜其动，宜其持世，宜其附用爻；凶事之星忌其动，忌其持世，忌其临鬼爻。事见当月，而吉凶可推也。

注：当月，如酉动天贼，是卯酉之期。法曰：怪爻季是两头居，仲月还须二五知，四孟谓当从人起，动为有也静无之。《左传》怪由人兴，故孟月始人爻，并发则应。

卦无父母，不免堂上之忧；卦无子孙，不免膝下之凄；卦无妻财，不免臣妾之患；卦无弟兄，不免手足之寒；卦无官鬼，则不免谋事无成，而临财多耗也。而六亲空破散、世应空破散同推尔。

注：用神无位，犹用神有病也，故与空破散同，即空破散皆谓有病，所以世应有病，则宅父宅母之患。大抵筮家宅者，用为诸人，因其有病而言疾；鬼为诸祸，因其有动而言殃。

有或为功名而筮家宅，当戒世空以索官爻，盖家宅恶鬼，功名喜官，又参之人事也。故为兴作而筮家宅，则以修方占之；为兵寇而筮家宅，则以避兵占之；为妖怪而筮家宅，则以巫祟占之；为盗逃而筮家宅，则以逃亡占之；为迁徙而筮家宅，则以卜居占之；为疾病而筮家宅，则以用神占之。为子而筮，则以子言；为贫而筮，则以财言；为出入而筮，则以出入言；为育植而筮，则以财福言；为不孝而筮，则以孝悌言。事类固纷，头绪非一，随其所事而参之。

有言家宅，将以阴阳二居并筮于其中，则以内为宅，外为人，初为基，上为墓，其卦爻戒反伏墓绝空破，及鬼动摇于卦象。然基墓之占，终当专筮也。

注：鬼爻动内，宅室之灾；鬼爻动外，人丁之咎。发初基不安，发六墓不宁也。

家之所概，井灶、门户、道路、屋宇、厅堂、仓库、厢廊、墙厮之属，空可实之，破可补之，动可改之，冲可合之，此趋避之小也。

注：父母屋宇，官鬼厅堂，弟兄墙厮，妻财仓库，子孙廊厢，盖空可以实其处，破可以补其所，动可以改其方，冲可以连其间。凡人事可挽回者，皆吉凶之小。若夫吉凶之大，丁口、消长，利名、官灾、火盗、忧喜、育植，与求等事，皆以子为福，鬼为祸，则顺天命之祥休也。

家之所概，内外旺相而生者兴，内外休囚而克者败，反伏空破墓绝者灭门，世应日月旺相生合而带吉神者昌。子孙旺而后裔贤，妻财旺而生业起，官鬼空而香火微。父动勤劳，兄动累比。贞悔合冲及游魂归魂，而往返之念多；世身动空，而行止之志惑。

注：人克宅吉，宅克人凶。空，如甲申旬空离是也；破，如夏至月破坎是也。贞悔六冲，合处逢冲，及游魂归魂五者，心憧憧也。世身空动，怀进退不果也，盖空主退，动主进尔。

木逢鬼虎发，而有寄丧；逢金克世，而有飞讼。雀武交加而有讼盗踵至，发于兑巽而妇女生言。勾陈财陷恐退田，螣蛇兄动恐博戏。玄武、咸池摇阴卦，与官鬼持世者，溺妓亡家。青龙、天喜、父母、文昌，与贵人动生世者，崇文华国。福德持世，动乾加华盖者，积善之室；父母旺相，带青龙持世者，堂构之隆也。

注：木为棺椁，鬼为亡，虎为丧，三者相并而动，故云有柩停家。若鬼虎雀并金而动克世者，亦云凶横词讼相干也。

财，家之业也。木司织，火司冶，水司渔，土司耕，金司釜也。子孙跨世子孝，克世子逆；妻财驾世妻能，克世妻悍。父母克冲，孝而不豫；弟兄生合，友而且恭。六爻伐世，则臣尊而主卑。一四前后来侵，里邻不睦；同白虎来攻，常加暴事。应与兄来击我，或朋俦之累；应与财来欺我，或戚党之嫌。内鬼外鬼并起，有开门揖盗之人；暗鬼伏鬼齐彰，有同舟敌国之事。惟卦宁世实，或生世爻发，而有人援天祐也。

注：四爻为左邻前邻，一爻为右邻后邻。又有世前爻为前左邻，世后爻为后右邻。若来克世，主不悦于己；如同虎鬼克世，主横逆加身。暗鬼，谓暗动克世；伏鬼，谓鬼伏露克世。世实，谓世逢日月旺相。

世投他外，我附于人；应归亲内，人趋于我。两官一家二宰，两父一宅二居，两财有异业，两弟有良朋，两福有成才养子也。虎吼应象而妻党丧，龙跃傍爻而庶房喜。世财应官为赘妻，世子应鬼为赘婿。应财外现为远娶，应子内财为他继。

鸡犬猪羊牛马，锄犁釜甑舟车。畜宜有气，物宜无坏。鹅鸭附于鸡，猿猫附于犬，鱼猪鹿羊，骆牛骡马也。动而生则增，破而克则减，空则无，遇旺则胎也。巳子利育蚕之室，午财利贩马之家。父母旺而舟车固，木财旺而犁锄新，金爻克而釜甑破。火爻二而灶非一，水爻塞而渎未疏。金爻发而闻钟鼓之声，木袭龙兴而有台榭之起。土化土而有凿辟之工，父化父而有经文之典。

且夫合于财为柜，合于世应为闩，合于间为窗。冲于父为梯，父化父为楼。居六为园，居三为圹，鬼墓为灵。初爻财墓为藏金，鬼墓为伏尸。水克火而灶基湿，金克木而神座裂，土克水而地窨泥，木克土而墙堵缺也。

注：财为物，合包财之爻者为柜，如节申爻乃柜也。世应为主宰，若闩，闩锁合之爻乃为门闩，如大有酉爻乃闩也。间爻之合乃窗，如泰子寅爻为窗也。若日辰冲合本象即是，不必求他，如巳日乾卦，午间申爻为窗之类。凡父爻之冲为梯，如坎寅爻是也。父母所居，六为郊野，乃象园；三为壶，乃象圹；化父，乃象楼也。鬼墓，如姤戌爻为灵也。财墓，初爻否之未象是也。鬼墓，升之丑象是也。若未日贲之鬼墓，戌日节之财墓皆然。

大抵家宅之要，务丁口之宁休。官灾火盗之情形，气象消长，利名得失，忧喜育植与求，及男女长幼日有时行之事，则子福宜近，鬼祸宜远。此卜筮之大法也，斯为得其旨矣。

易冒　卷六

婚姻章第五十一

注：内详赘婿、配仆、倩媒、纳妾、冲喜、去留、就姻、择地、成否、聘仪、妨害、年地、杂婚十三问。

克我为官，像夫，为男子；我克为财，像妇，为女人。官男财女，定理也。男占女婚，妻财为要；女占男姻，官鬼为先。虽父母弟兄朋友为之卜，亦以财妇而官夫也。所以官爻旺相，女家之吉占；财象兴隆，男子之良配。官空绝，而妇择夫者多寡；财破散，而夫择妇者终鳏。贞卦逢冲，初已难成；悔冲合冲，后终分拆。三冲之象，离散悖逆，虽财官备而非吉占。随官入墓，谓之不寿；助鬼伤身，谓之不贤。

注：如男家占女，女命随墓；女家占男，男命随墓是也。其他不论。

若咸、恒、节、泰为吉，惟合冲变冲而不宜；睽、革、解、离为凶，虽用备化合而不吉。

注：如咸、恒、节、泰，若不遇合冲变冲，虽财官衰陷，随鬼助伤，皆不为凶，所谓用神未胜于卦验也。

以应定其门闾，以间分其媒妁。

注：男占则以应为女家，女占则以应为男家。坐青龙积善之室，居贵人游宦之家。旺相富豪，休囚贫乏。空散有疑惑而无主张，破绝少殷勤而多冷落。阴爻发动，画断自于女人；阳象交重，

孚信从于男子。生世者亲亲相悦，克世者彼彼相索也。近世间爻，为我信之媒；近应间爻，为彼信之妁。空散则不得力，破绝则不为情，生助克欺，彼我皆然也。独发动有变更难易之作尔。

以八卦而推容貌。

注：男占女，以财所居之卦宫。如财在乾，仪容端正，质性聪明，有丈夫之风，谓配天德也；财在坤，体貌稳重，气度含洪，有母后之贤，谓符地德也。震雷之性，动而有威；巽风之体，变而好胜。坎多志巧，离多激烈。艮为端笃，工于针镂；兑为悦柔，善于言语。女占男，以官所居之卦宫。若官居乾，其人从容敬慎，性直而貌壮；用神在坤，其人和悦卑谦，言实而行朴。震好激扬，常抱英雄之志；巽好贪慕，屡专货利之求。坎之智识藏乎内，官疾者短于忠信；离之聪明现乎外，官实者长于文章。艮有技才，其行戒于转石；兑有异巧，其言流于悬河。

盖六子之性有短长，二老之德无偏倚。更以用爻衰旺参之，旺从其长，衰见其短也。

以六神而察才情。

注：《补遗》曰："财值青龙，形骸秀丽；蛇临妻位，情性虚浮。白虎乃悖逆之星，玄武是风流之宿。朱雀巧辞饶舌，勾陈持重寡言。"此言男占女也。"官位青龙，情性文巧；蛇临鬼象，言行虚讹。白虎乃武勇之夫，玄武为奸雄之性。勾陈敦纯多技，朱雀辞辨能书。"此言女占男也。然亦必考用神为先，而后系焉。如官旺临玄武，则为杰士；官绝临玄武，则为奸人。余仿此。

以五行而观德行，诸宿而验行藏，则用象无遗矣。

注：金偏刚杀，木遂慈祥，水务智勇，火好文章，土持诚信。用神实者，备是五常；用神损者，反是五德也。诸宿亦然。用神登马，旺相勤趋，休囚游荡也；用神随羊，日月英雄，空破暴横也。破军为疾，文昌为美，廉贞为戾，贪狼为巧，武曲为丑，巨门禄存庸，左辅右弼为纯，咸池为淫，天触为痴，天喜为贤，陀罗为悍，

盖皆以用神虚实为言也。大抵嫁娶吉凶，主于财官；男女妍媸，主于卦象神宿。其用如此。

然父母不可沦也，子孙不可溺也，妻财不可摇也，官鬼不可没也，世应不可空也，比福不可动也，夫妇不可二也，阴阳不可悖也。

注：父母为主婚人。男占女无父母，则叔伯主婚；女占男无父母，则礼文澹薄。子孙陷则艰嗣，官鬼空则难成，妻财动公姑参差，男女皆同也。世空我有退心，应空彼无从志，破散动冲亦主变。男占女逢二官，或疑复许；女占男遇二财，或恐再求。财化财，官化官，俱为夫妇有二。男占女，宜世阳应阴，世升应降；女占男，宜世阴应阳，世降应升。反之则为阴阳相背。以上诸义，虽非婚姻吉凶之主。然见此象，亦应人事。

夫赘婿，同于断嗣，则用于子孙，空散非衰老之托，破绝非成立之人，旺实为贤，动冲不定也。配仆，同于取奴，则用于妻财，是以拱合生扶，忠诚效力，散空破绝，偷惰难亲，命墓三冲，皆不我助也。请媒，同于托人，则用于应，而冲不能合，克世则有所私也。

注：以应爻为所托，故空则不力，破则不专，旺相为我则重，休囚助己则轻，冲世为误事，克世为存欲，合处逢冲，成而复解。此数者，媒之戒也。

若纳妾，视其所重，重贤用财，重嗣用子。冲喜则兼详六亲，为长用父，为幼用子。或不谐而问去留，生合可留，克世宜去，命随鬼墓者夭，贞冲合冲者散。

注：人心去而不留，势同覆水，留则变生，筮者宜正告也。

就婚是家，卦冲应坏，不可相依；克世游魂，岂为久处？择是地结姻，则同婚姻占，若问安宁，则忌鬼发。婚姻从违犹谋望，不可失财官；礼仪厚薄犹馈资，不可忽财应。

注：若男占女，无财不成；女占男，无官不就。贞合冲，世应空，谋事所忌也。应旺财旺，其礼则丰，应敝财敝，其仪则菲。

娶疑妨害，用神旺相，则我人之福；财神空破，则此妇之刑。

注：占用有二：如娶妇为父母病，疑妇妨害，得父母旺，则父母之福，非其妨也；娶媳为夫妻病，疑媳妨害，得妻财旺，则媳妇之良，非其刑也。

何地，男官女财，卦宫为远近；何年，生合年月为迟速。来求乎，应病则不来；来辞乎，应实则不辞。

注：用神在内则近，在外则远，坎北离南，震东兑西，亲宫本处，他卦别乡之类。用神长生帝旺，空填破实之期。若吉凶之大，仍看财官。

娶离妇，谋强婚，妇妓女，虽曰同占，而以害患为忧；欲再适、遂私约，虽曰同占，而以阻拦为戒。俱忌鬼应克世，以及随、助、动官也。

注：此同避患，以官鬼为忌。

是故婚姻为人道之始，正家之本。筮者以敬，告者以诚，一言而关吉凶离合，吾尝慎之。

胎产章第五十二

注：内详虚实、胎安、母安、防堕、产期、男女、稳婆、乳母、寄乳、产地、易育、求嗣诸问。

胎产人道之大，子孙继世之本，故以子孙为用。筮胎虚实，专重子孙；唯卜母孕，则凭弟兄。其他长幼尊卑，代身而祝者，皆以子孙为用也。未胎而占孕，重青龙天喜之动；间月而占，则独求子孙。旺相生扶则成胎，空破散绝则非孕。

注：未间月而筮，如青龙天喜动，虽子孙伏，亦断有孕；已间月而筮，若子孙空，虽青龙天喜动，亦断无孕。盖子孙但以有为喜，神宿必以动为喜。总言未间专重龙喜，已间独重子孙。

或筮胎安，亦重子孙，不空不破则成人，若绝若冲难足月。筮产母身安，鬼动则灾生，用伤则病作。临官入墓，须防抱病猝亡；助鬼伤身，惟恐带胎同丧。如出游求身安，用旺鬼静则喜；求胎安，则忌卦冲胎空虎动也。

注：胎安重子爻，母安忌鬼发及用旺为喜。如占母孕，则父母为用，他人代求，则妻财为用，皆忌本命随官入墓。产母自问，并忌助鬼伤身。出游，有为身为胎两义。

如问堕胎，合冲、前冲、后冲、胎空、胎破、虎动必犯其厄，然亦察之子象。子孙坚固，虽遇此而不伤；子孙破克，虽不遇此而难保。

注：卦冲则不缔结，胎坏则不坚固，虎动乃为血神，三者有一，当应堕漏。若子孙日月旺相，虽见其兆，终不丧胎。如申建辛亥日占孕，得兑之困，败血三日后复完胎。故子孙为要。

故占产期迟速，卦冲、胎破、虎摇，日当产矣。胎值旬空之时，世值胎养之日，子遇长生之辰。如子无而遇有，空而遇补，破而遇实，墓而遇冲，较量轻重，以定其期，定时亦然。此概占也。如限期而卜产，则但以卦冲、胎冲、虎摇者，定其当产。

注：或以月分，或以旬分，但卦冲、胎疾、虎动，则是月是旬当产。复以日时定之，倘概筮何时，则以卦冲、胎疾、虎动为近，否则为远。而以世爻胎养、空补、破实、绝生、墓冲、无有之日时定之，及胎值旬空者，否则为远之考也。如申建丁未日占产得艮，三日己酉戌时则育，此世胎养之应也。人占夫占，皆从此论，唯产母自占，则以子孙为重。如午建甲寅日，

自筮身孕得大过，后庚午日产，应子孙值日，此以子孙为法也。墓而遇冲，火子戌日，逢辰而诞是焉。或曰产妇以财分，婴儿以子分，日时以世分，概占如此，若独筮期，当专用子。

如定男女，先以卦之阴包阳者为男，阳包阴者为女，坎离自包同焉。其次以动爻阴变阳者为男，阳变阴者为女。子为宰主，爻分等次。其三非包非动而安静者，则以子孙属阳为男，属阴为女。阴阳并现，轻重相持，飞伏皆空，单拆定义。盖有出外而家内已生者独举子孙属阴阳而定之，不以卦包动变言也。占母以弟兄而言，代身亦举子孙而决之。

注：欲定男女，其法有三：一曰卦包，二曰动变，三曰子属。如坎、大过、小过、咸、恒，谓之阴包阳；离、颐、中、孚、益、损，谓之阳包阴。谦、豫、履、小畜、升、萃、无妄、大畜则非。

卦包之后，则考动爻，变阳为男，变阴为女。若二爻动则主上爻，三爻动则主中爻。四五爻皆动，则主阴阳属多之爻。六爻动及阴阳等动，则主内卦变爻，或中有子动者，竟取子孙变，以定男女也。

动变之后，卦静则考子孙，阳男阴女定之。如或两现，舍其疾而用其不疾；如或飞无而伏复空，则以伏神子孙单拆而分男女，不可因空破而他求也。

如戌建戊辰日占男女，得归妹，亥子属阳值空，后应生男不育。

尝有两现子孙，皆属旺相，及大有、乾、剥、同人，乃应双胎。《海底眼》:“两爻旺相喜神扶，必是双胎天赐与。”

夫阴阳相包，男女成胎之时也；动变者，磨荡化育之功也。故先泥子孙者非是。出外而家内已生，专务子孙属阴阳。盖物既生成，当考形体，岂以卦包动变而言之哉。

稳婆好恶，察应与财，空破无能，旺生得力。然切戒应爻克子，恐妨我之儿；应爻克财，恐害我之妻。不独占而带观之，夫占近应之间爻，自占近世之间爻，及或五爻，亦不可克妻克子，而空破也。

注：财为妇人，应为所用之人，盖收生以护子妻，应爻不宜值父兄也。产内兼问，若间五破空，冲克财子，则曰化婆有犯。

乳母好恶，察财与应，空破多病，生旺无殃。最忌合冲卦冲，不能终始其哺；应爻克冲子位，不免妨犯其儿。卦无亥子，后乳将少，而儿缺食也，坤艮宫之无亥子者尤甚焉。然应克世而有难意，应值鬼而有机谋，应咸池而好酒色，应玄武而喜窃偷。然所占若吉，未为大害。

寄乳于人，当以子身为重，喜其生扶旺相，不宜空破绝冲。命随鬼墓，子丧他家，卦遇鬼摇，儿病外室，不可寄乳也。寄乳而问乳母之吉凶，如择乳母之法。

注：问乳母则论财应，问寄乳则重子孙，来乳去乳，好恶同义。

产地安危，最嫌鬼动。财福两象，不宜一伤。

注：卜地而产，惟用旺鬼宁为善，命随鬼墓大忌之。

若生后而问易育，喜子孙旺相。防疾忌官鬼交重，及命随鬼墓也。

注：用旺稚子有根，鬼静则婴儿无疾。

若乏嗣而求子，独索子孙。旺相生扶，得之速也；伏藏安静，得之迟也；空破散绝，未之有焉。然不可世空，乃吾身之不能；问妻应空，问妾财空，是妻妾之身不育也。何年可得子，子孙胎养生时兆萌矣。何妇可生，弟兄所属命姓。子现于外者，利于外生；子伏于内者，利于内育；子现玄武咸池，及非世应之位，应于侍嫘外遇。盖子嗣有无，虽有定命，惟盛德能立命焉，占者勉之。

注：楚中商人王氏者，四十乏嗣，癸未卯建辛未日，卜嗣得否，言其无子。以阴功劝之，后果轻财好施，及乙酉鼎革，有感，力行善事。丁亥仲春甲申日来杭，复卜后嗣得萃，子遇长生，许

得二子。彼曰：“前言无后言有何也？”予曰：“公必树德矣。”彼领之而去。及子寅年连生二男，岂非盛德格天之报如影随形乎？学易者，当勉人为善；求嗣者，当法之以造命也。

抚养章第五十三

注：内详继养、抚养、收养、投养、入继诸问。

抚养有二。我有子而欲继养于人，最忌三冲，为有初鲜终之象，非长幼之寡恩，是上下之逆德。命随鬼墓，往必病焉；子孙爻坏，去必丧焉。此三者，不可继也。

注：继是家者，子孙旺为康宁，卦爻合为孝慈。

我无子而欲抚人之子，则以子孙为用。福神之旺，能慎终于华首；子爻生我，善养老于衰颜。三冲则无始终，空散则无成立，命墓则有夭折，此三者不可抚也。僧道受徒，朋友立孤，亦同此义。

尚有衰老无倚，弱幼无归，雌单无养，壮贫无赖，我欲收养者，皆以应克世爻为戒。妇女用财，长上用父，卑幼用子，远宗近表，亦用于应，皆莫克世，及用遭空破散，是其自濡于溺，而我济无功也。三冲者，先胶漆而后冰炭，助伤者，朝琴瑟而暮干戈，所以戒也。应动多南北之心，应退多去来之志。归魂常思旧所，游魂每念新乡。

注：应克世，则恩多成怨；用被坏，则劳而无功。

夫应克世而驾鬼动者为甚。武鬼动而揖盗，雀鬼动而戒非。螣蛇生连蔓之忧，白虎兆亡命之祸。天烛以火失事，咸池以淫乱心。因害而避，因利而趋，在生克之间也。

注：应爻带鬼克世，其凶尤甚。复视其与何神何宿来克来生。

如官文龙贵生世，益我以荣；财福生世，益我以利。克世反视，纵青龙亦以奸昧为。

又有我孤贫而筮投养于人者，用神克世，而莫我顾也；三冲无久惜之情，四病有兴尽之憎，则不可归也。

注：凡言四病，即空破散绝。占投养者，当戒是三也。

又有彼乏嗣，而入继于人者，有义继利继之分。继义世旺我往而昌，世坏我入而困也；继利则财坏无得，应空无望也。三冲不睦，游魂不一，鬼动而讼。继成若谋事，继争如夺缺。

是以卦冲合冲，世空应空，鬼失财失，不能成也；应爻克世，不胜夺也。

痘疹章第五十四

注：内详见痘、趋避、疏密、出期、何人、大象六问。

夫痘疹亦天灾也，是名天花，亦名圣疮，动关童命，敢忽神筮？未花而问，以鬼为信，盖鬼空根芽未萌，鬼静气机未动，鬼散虽流行而不及也。破静而甲不拆，破动而病或殊，鬼绝则未生花也。

注：以鬼为病，问痘即痘也。月破非应有痘，鬼动是当有病，乃或瘢麻疮毒，未为正痘，故曰病殊。

鬼动将见，鬼冲将开，鬼旺将起。当月当日，则是月是日而出也。

注：官鬼值日月当见，如丑建乙卯日占有花，得履之同人，当日见标。复一人亦占履之睽，及次年二月始痘。盖卯鬼发动故应速，卯鬼安静故应迟。

当岁而索鬼象之得失，有二而考一爻之虚实。

注：官鬼若值太岁，或遇空破休囚，则言未出，后虽日月会同，亦未可言有。如己亥年辰建辛未日占有痘，得同人，亥鬼旬空，终岁康宁，则不可以太岁为鬼而当年应痘也。如卦有两鬼，一空一动，则以其动，一强一弱，则以其强，皆应当出，乃谓考一爻虚实尔。

世由己招，应由人召。内为本乡之行灾，外为他处之流祸。往避而得痘，游魂鬼摇；来归而不得痘，归魂鬼静。伏鬼有气者亦见也。

注：官鬼动，而天花开矣。在世则为特发，在应则为缠染，在六爻童仆起根，在三爻弟兄继种。内为本境，外为他乡。游魂为往，归魂为来。盖鬼空于内，本境无事；鬼空于外，他乡可避。鬼动归魂，回家有痘；鬼空游魂，往外得免也。大抵鬼爻旺相，虽伏亦萌；鬼爻休囚，虽现亦息。

占花疏密，询鬼旺衰。以八卦而分手足，以六爻而定身形，以五行而著颜色。乾首坤腹，五胸二腓，金白火赤可类也。

注：盖鬼为痘，若临日月旺相生扶，花必稠密；如值空破休囚死绝，痘必疏朗。凡鬼动何宫，则定花丛何处；如不动，审旺何爻。如发艮宫手臂密，如动兑宫口颊多，坎离上身，震巽下身。旺在初爻，先有于足；旺在六爻，始发于面。五爻胸背，二爻腿膝，三四腰股心腹。火鬼发，其色红紫；金鬼动，其色虚白；水鬼发，其色黑陷。木为杂细，土为肿大。然必论用神生死，而后定之吉凶。故水鬼动而主象旺者，痘见黑钉，后复收功。然痘症多变，设遇用象破空，或值何鬼发动，则变此症而丧。如未建甲辰日占子痘，得屯之革，于戊申日乃变脾病而不治。余仿此。

如问痘见何人，鬼当本命，鬼化卦宫者应之。考六亲之化鬼，及鬼化之六亲，则痘是人也。然亦必鬼旺动而发焉。

注：一家之内，以官鬼值何人本命，则曰是人有痘。又鬼动艮宫，则曰少男；鬼化离象，则曰中女；财爻化鬼，则曰奴仆；

鬼象化子，则曰孩提。大抵务于鬼爻旺动而言也。

如问孩童何时见痘，当官鬼之年月日，及生旺官鬼之年月日则痘也。上下鬼而填其虚，变伏鬼而实其质。

注：远近分卜，问何岁则以年计，问何时则以月计。先以填实，次以生旺年月断之。若卦有两鬼，或一空一实，反以填补空鬼为期；卦无一官，或伏爻变爻有者，当以变伏之鬼所值为期也。

既痘而筮，大象之吉凶，七日之内，三冲是戒，谓“花未开而先谢”也。卦属反伏墓绝，与命随鬼墓，虽用旺难治。四忌之外，再考用神。盖鬼旺而用旺，花丛而根固乃吉；鬼坏而用坏，花悴而根枯乃凶。生旺用神之日，为有成时；当冲鬼象之辰，为有变期也。大抵感不感务乎鬼，害不害务乎用。鬼化鬼者痘后痍，交加动者瘖痘相参也。

注：此专务用爻而言吉凶，不复论鬼衰旺。若用爻有生扶救助，鬼旺无非花密；鬼爻填实冲动，无非防变；鬼化鬼及用化鬼，无非痘后余毒；交加鬼发，或别病相乘而已，未至大害也。

疾病章第五十五

注：内详症候、防疫、真假、成疾、养病、避暑六问。

夫死生有命，不可祷也；疾病在人，不可忽也。慎于未病，君子之道也；既疾，可不筮其吉凶而调剂之？命随鬼墓，不治之疾也。

注：如戌建甲辰日占子病，生年己亥，得同人，卦中子孙旺相，六爻安静，病应不死，然亥命随官入墓，法主大凶。后其疾不死，未半年溺水而亡。

卦属反伏墓绝，亦不治也，即能治亦成疾矣。病未久者，三冲而愈；病已久者，三冲而亡。此三者不论用神衰旺也，外此则专重用神矣。如遇动散、月破、克空、日破、受伤无援、脱气者危，遇日月动变有一能救者，危而复安。

注：动散，如卯建丙寅日占子病，得渐之观是也；月破，如癸卯岁卯建壬子日占予妻病得离，遂亡本月是也；克空，如酉建丁未日，占父病得未济是也；日破，如戌建辛酉日，占夫病得渐是也；受伤无援，如子建戊子日占弟兄，得鼎之旅，一占弟兄得离，皆为受伤无援；脱气，如戌建戊辰日占己病，得萃之讼，乃为脱气。以上七法系大凶，得日月动变有一能救者，则反观之。

考之占验，四灭没不死，十卦不死，无鬼无财不死，身空命空不死，凶煞不死，则其所以死者，必用神死则死，用神生则生尔。

注：灭没，春需蒙、夏观蛊、秋剥节、冬旅临是也。十卦，明夷、观、贲、大畜、丰、同人、蛊、夬、需、临是也。凶煞，三丘、五墓、丧车之类。如占父病，六月得观，何从而死？用居日月，卦无财鬼，何凶？盖用坏无鬼，虽祷不祐；用旺无鬼，不祈亦康。无财用绝，天禄已终；无财用旺，饮食少进尔。甲子旬空亥，则亥命不可问病；寅月破申，则申命不可占疾乎？故应不为戒。身空，有世爻卦身可凭；本命不现，有变卦伏爻可取。大抵专务用爻，以定生死安危，诚得易旨也。神煞尤轻。

尝试土鬼独发，而祷于疾病者，九死一生。或曰用有气，则祷土以回生，用无援，则开墓以葬死，良可信也。

注：《天元赋》曰："土煞俱兴，定作黄泉之客。"《补遗》云："夏论土爻临鬼动，多凶少吉祸难禳。"大抵东南土薄，有犯土忌，禳土得生者，十有六七；西北土厚，不畏土禁，所以祈而无功也。

游魂归魂，保于旅而不保于家；震、巽、坤、艮，危于老而不危于少；女终男穷，非宜壮年之问也。

注：游往归来，病于客旅，道途不忌；震为棺，巽为椁，艮为冢，

坤为墓，衰年大忌，有备更凶；未济归妹，壮岁非宜。然亦兼用神而参。

忌神摇矣，元神动焉，谓之二生也；元神动矣，仇神摇焉，谓之两病也；忌仇动矣，元神暗摇，生之道也；无忌动矣，用神明坏，死之途也。

注：如未建丙申日占母病，得同人之噬嗑，申乃忌神，本来克卯，亥乃元神，动泄忌神之气，而生卯木用爻，是为二生；卯建乙卯日占妻病，得同人之咸，子动生财，本谓元神助我，卯木仇神相克戌爻，更多一病也；如未建壬寅日占夫得同人之既济，兄子皆动，伤官应笃，寅申冲财，暗发生亥，后病得起；如卯建丙寅日占子得坤之损，卦有父兄发动，未来救子，然酉金明受日绝月破，所以不能救也。余仿此。

飞爻之用神绝，伏爻之用神生，非危也；内卦之用神亡，外卦之用神存，非危也；卦爻之用神无，日月之用神有，非危也。

注：如寅建丙寅日占弟兄，得乾之需，申飞用爻，日破月破，而不知酉伏戌下，火生土而土生金，故曰非危也；如辰建辛卯日占子身得未济，外未虽旬空，内辰当月建，后愈；如午建戊寅日占妻身得既济，卦内虽无用爻，月午日寅，元用并现，当月病愈。

犹有日月动爻克用，是谓不救，而用爻得化生扶，非危也。日月动爻，与用神不生不克，而用神化克则危矣。故曰用神有一生则生，有一死则死。

注：此言用神化生化克为最要法，然变爻亦宜无病，乃真有救。如未建甲辰日占子身，得咸之蹇，日月克用大凶，而用化兄弟长生，是乃不死。戌建戊申日占父身，得艮之蛊，用爻独发当生，以化绝于亥遂不救。

卦无用神，云谓凶兆，然得元神动则不死，以其趋生也。忌神动而用神伏反吉，以其避克也。虽然，亦必得日月之救焉。

注：如酉建戊申日占妻身，得睽之损，卦无用爻，本非吉兆，喜得子孙发动，及冬病愈，是谓趋生也。如亥建甲申日，亦占妻身，得姤之升，忌神发动，本是凶兆，喜用神不现，伏于月建之下，后交子月壬辰日，病势渐解。盖申子辰会水局，忌神合为元神，是谓避克也。

如问危时，其法有三：当鬼之日月其休乎，占父母则非，一也；忌仇之神跃，用神之爻潜，见用神则休，二也；用神月破，危于是月，用神日破，危于是日，用神失气，危于是时，用神亡援，危于是期，三也。

注：凡病遇官鬼所值之日月当凶，惟占父母不论者，盖以官鬼为元神也。忌神仇神皆动，用神潜伏避克，遇用神值日月之时，出而受仇忌之伤，所以当凶。日破月破，越是月日而解。用神失气，谓用神受克绝之时；用神亡援，谓元神遭破散之际，皆所以当凶尔。如寅建庚子日占子病，得夬之革，酉金绝寅死子，其疾不疗，后壬寅日症变，甲寅日乃绝，谓值独发甲寅鬼也。巳建戊午日占子病，得小过之大壮，及癸亥日而亡，因亥月破更凶，是谓忌仇动用神潜伏，及亥日出现，则受伤矣。假或申月占此，过亥子日后，所伏用神得月长生，其病可痊。子建甲寅日占父身，得乾之同人，忌动当凶，次日节变小寒，丑月土旺，至下岁孟春方绝，木旺土虚，用神失气尔。子建己未日占自身，得未济之睽，世遇月破，其病不治，寅动生午似可救，而不知次日庚申，冲散元神，是夕遂卒。大抵破坏元神之日，生助忌神之期皆凶。

如问安日，其法有六：用神困矣，得生而病康；用神空矣，得实而病愈；用神破散，逾日月而可保；墓开而疾退；鬼制而患消；用现而身起也。此六者，病安之辰也。

注：凡用休囚，病退于生扶之日；用爻空陷，病退于填补之期；用爻破散，病退于逾是破散之时；用爻墓，病退于开墓；用爻潜，病退于现起。子孙值日，疾患渐安，惟占夫占官不论。

大抵子孙值日，医药效而祷祈灵；官鬼司辰，灾患变而神思困也。

夫筮己疾，世乃用神，随墓助伤，墓绝反伏，虽旺而遇一则凶；筮人疾，应乃用神，随墓反伏墓绝，虽生而一不可遇也。用神之法，主虽少而用父母，仆虽老而用妻财，宗虽五服而用尊卑，表虽三党而用宾应，仕虽密而用官，师虽疏而用父。

注：宗姓虽五服之远，称叔用父，称侄用子也；表姓虽以三党之近，占必以应为用，惟岳父母、舅父母，则用父爻也；凡占现任虽密，不用应而用官；凡占师傅虽疏，不用应而用父。

卜妇人者，姑姨姊妹之外，皆推同类，用妻财也；卜同辈者，宗弟兄之外，皆为异本，用应爻也。

注：凡妇人称类多，姑姨之亲，亦看父母，姊妹之从，同推弟兄，此外皆用财爻；称弟兄而非宗服者，是不同本，皆用应也。

臣占其君，用九五，宗人之臣，代君而用也；君占其臣，用应爻，为吾辅也。于阍寺则用财矣；将占其卒用子孙，以制鬼也；于师弟谊用子矣。用神之法，卜筮屡误，告于圣贤，不可不审也。

注：凡臣占君，不分贵戚异姓黎庶，皆以九五为用；宗人之官，占其本主，则从朝廷长幼为用。如太子臣占太子，则以朝廷之储君用子；皇弟兄之臣占皇弟兄，以朝廷枝叶用弟兄；太后臣占太后，以朝廷占用父母也。余仿此。筮家用神，常有两惑，致吉凶不验，故详之，他用亦推此。

夫鬼者，病之源也，祟之状也。是以鬼旺而重，鬼衰而轻。鬼动患骤而变，鬼合灾染而缠，鬼散而疴将解，鬼空而病未真。日破月破，以分其半成也；在内在外，以分其表里也；居变居伏，以分其新旧也。

注：问有，病半成，问无，病半解，内里外表，变新伏旧之义。

流于六爻，以分其一身也；摇于八宫，以分其四体也；属于五行，以分其五脏也；现于六神，以分其七情也。

注：《卜筮元龟》：

鬼在初爻两足伤，二爻双腿患非常，
三爻腰股常轻软，四爻心腹及胸堂，
五爻脏腑司喉咽，六爻头上患为戗。

《黄金策》：

乾为头兮坤为腹，巽为腰兮震为足，
兑为口兮艮为背，坎为耳兮离为目。

《海底眼》：

喉病金兮木四肢，风邪疼痛起黄形，
辰戌胃胸生呕逆，丑为肚腹未为脾，
火动热极三焦咳，血腥眼目及疮痍，
水鬼发寒因冷得，泄泻虚劳耳肾衰。

有为火鬼病于心、小肠命三焦，水鬼病于肾膀胱，金鬼病于肺大肠，木鬼病于肝胆，土鬼病于脾胃也。

解云：

虎自兵丧哀痛由，龙贪酒色爱风流，
忧愁思虑居玄武，夹带怀胎谓值勾，
恼怒焦烦朱雀噪，惊惶恐怖伴蛇游。

来于世者病由己，来于应者病由人，来于间者中内之病也。鬼伏何神，缘何事而萌病，何神化鬼，因何事而兆疾。盖父母劬劳也，妻财饮食也，子孙淫乐也，兄弟气怒也，官鬼邪妖也。初筮之防疾也，用坏病起，鬼发病作。时灾之行，专用于鬼，发动疫扰其室，惟修省以俟。

何命犯鬼，是天祸也；何神化鬼，是人作也；鬼化何人，是流灾也。随墓助伤，大凶可畏。病从何起，盖吉凶生乎动者也，鬼从爻动，乃察其鬼，盖鬼为祸也；鬼爻独发，乃考其宫，盖独发有专也。卦象安静，乃察其外，盖祟孽由外入也；卦如无鬼，乃考伏鬼之飞爻。

注：动爻为起病之方，如离卦卯动，病自东来。若鬼同爻动，则以鬼爻为起病之方，如离卦亥卯皆动，病由西北来也。若鬼独发，索其动于何宫，则是方招祸，如离亥独发，病自南始。若六爻俱静，当考外卦，如离象之静，从南地缠染。惟卦无官鬼，则以伏鬼上飞爻为方，如《补遗》言。家人西北蒙灾之由或卦有官，而动爻多者，先索忌爻之方，无忌则考外卦也。

是以乾兑鬼兴，而祸因寺庙；艮坤官发，而患系丘陵；坎离南北，震巽园林。木鬼砍伐之由，金鬼刀兵之恐，土鬼开辟之妨，水为江河，而火为城市也。武因酒色风寒，龙为讴吟歌舞，雀为斗争气怒，虎为哭泣哀丧，蛇自惊来，而勾自跌起也。

注：如未建癸卯日占身病，得乾之小畜，世旺日克，但难愈而不死。鬼发乾宫，其人入市谒亲不遇，路见僧友聚语，陡值马触而践其股乃病。盖乾为僧，勾陈为跌，午官为马。若执于寺院，则未然也。如寅建丁卯日占己，得节之临，世遇长生，卯月病愈。武鬼动于坎宫，其人捕鱼致疾。若必曰坎为江河，则未然也。酉建己酉日占父病，得归妹之解，鬼爻独发，是父母元神，亥日即愈。而火鬼螣蛇，在馆闻火大惊致疾。若必曰火鬼城市，乾兑寺庙，则未然也。是日有占子病，亦得归妹之师，子爻伏，得日月生，虽危不死，及冬而愈。巳午两鬼皆动，上鬼值青龙咸池，病由酒色而犯。若必曰震巽园林，则亦未然。毋执一，唯理之当，及人心之灵善推尔。

有问症发是真，盖鬼实则是，鬼虚则非也。有筮患其成疾，随墓助伤，已成疾矣；用神若坏，其疾奚能疗乎？卜养病于外者，随墓助伤，世折鬼动不可也。避暑于此者，亦由是也。

注：官鬼空破散绝谓之虚，旺相生扶谓之实，用神空破绝散则成疾，旺相生扶则不成疾。

故鬼动为致祸之由，福动为远灾之要。福神可趋，祸神可避。是以发坎则莫贪于酒食，发兑则莫迷于欲色。震忌登舟，巽忌入园。乾不可以好僧室，艮不可以悦山居。坤弗食牛，离因嗜炙也。

注：若子孙发动于是宫，则此处利福，与前反视。

乾利僧堂坤利田，坎宜江海艮宜山，

离乐文章兑嗜酒，震喜舟车巽囿园。

犹有占父病而鬼动于坤，其母随之而疾，占子病而鬼化于巽，其女继之而灾，则爻变之鬼亦然也。所以疾病之章，不离乎用爻鬼象。

注：何宫鬼动，及鬼变何宫，则言其人亦防灾病。如寅建辛酉日占女，得巽之涣，子遇长生，其女不死。然鬼动化入坎宫，甲寅旬中坎空，中男相继而病。及甲申旬化午子空，中男反亡。卯建丙辰日占次女痘，得革之咸，月建子孙，次女无事。然内化艮，丙辰官鬼居少男宫，其后少男亦痘。盖占疾病，生死凭于用爻，趋避变易救治之门，皆系鬼爻详察。

医药章第五十六

注：内详占药、占医、治病、用药、往医、行道六问。

闻之称贤曰："达则愿为良相，不达则愿为良医。"君子以之行志，人子教其须知，吉凶从违，可不慎与？凡占医药，以子孙为用，临日月为上，旺相次之，休囚为下，空破散绝为庸医也。无子而药不良，强官而病不治。子强官弱，烈日销冰；子弱官强，铅刀攻玉。财动鬼静，子动无功也。伏鬼根不除，化鬼病转变，空鬼老医药。世鬼兴隆，则吾病曲折；应鬼旺相，则彼药跷蹊。

注：当审子官强弱，如鬼值日月，虽子遇生扶，亦未尽善，必较子可服鬼，方是吉占。鬼空避子，药不中病，故云“老”也。世鬼病难速愈，应鬼医诈难信。

夫应指医人，非占克效。是故应空不得遇，应破不得专，应散则识见反惑，应克世则好利多诈，世应冲则绝续不终也。占药水，子旺宜汤，土子旺宜丸，火灸、金针、木末以为像。火鬼喜凉药，木鬼喜风药，土脾、金肺、水肾以为像。占医也，考子孙之属，木东金西，乾僧坤妇以为像。

注：子为药而鬼为病，卜用何药，卜是何病，则用此法。若卜是药吉凶，用子孙衰旺，无执子孙属土，宜用丸药。如卯建辛酉日占，得离之贲，未土子爻，真空四败，焉能丸药有功？卜筮宜用何方何人，则用此法。若独占则用子孙。设问僧医，得乾而子空，岂可言吉？

医问疾可疗乎，以应为先务，盖应为病人，应坏随墓，其病不治。若占六亲，仍以用神为断。医问是药奏功乎，亦以子孙为用，福强鬼弱而奏效也，子虚鬼实而无功。

注：亦如占药。

医问往医利乎，则以世应而推。应克世者寡情，爻无财者薄赠，空有欺志，破无专心，散冲无终。

医问道行，财官强而利名遂。故医药不精，不足以利；求医不慎，不足以疗生。己弗误人，亦弗自误也。

鬼神章第五十七

古之祀，祭非其主不尸，鬼非其类不馨，故无越祭、无渎祀也。后世乃以有祟而禳福而祈者，而鬼神繁兴矣。虽然，吉有神相，凶有鬼凭，史传所载，非尽诬也。欲知鬼神情状，则亦以筮而得之。夫天神地祇，则以官鬼而类其象，象而像之，其不外乎二仪、四象、五行、八卦，及六神、诸星以形之，有无以度之，上下以位之。索其鬼神之性，鬼神之司，及鬼神所由成，而可推矣。

注：性，索其鬼神生前偏好之性；司，索其鬼神上帝命司何事；成，索其以何因缘而成鬼神也。

夫官鬼之爻属阳则阳神也，属阴则阴神也。

注：官鬼属阴，如王母、大悲、水母、太山、天妃、陈周、圣妃、蚕母、子母、催生、太君、娘娘之属，亦当因地、因神、因事而考之，此则举其略尔。盖有神同而名异，曰因地，如在北为子母娘娘，在南为太君娘娘。男女相别，曰因神，为何事曰因事。如问蚕，得阴官乃蚕母也。

属金，则武神也。

注：官鬼属金，如天将、关帝、伍公、岳王、元坛、总官、七煞、金刚、伤司、丧煞之属，盖方隅有称元帅将军金甲之神，及威武斗勇成神者，皆可类推。

属水，则河海江神也。

注：官鬼属水，如普陀、真武、云台、北斗、海神、龙王、河神、大王、杨将、施相、天妃、晏公、祠山、周王、汪公、水母、水圣、井神、池神、水伤神之属，及由水成神可类。盖九河百川，方隅

各有所司之神，黎庶尊称，各有相别，随占人之民俗土风，以五行、八卦、六神、诸星象而像之，则射的矣。大抵水火之神，灵显者多，无能细陈，方隅各异，犹若漕河尊大王，东海尊天妃，南河尊周王，洞庭尊湘妃，鄱阳小姑，长江杨四将军，各有所分也。

属木，则文神也，及倚草附木之妖也。

注：官鬼属木，如东岳、家堂、山神、树神、五圣、园神、九良、茶筵、三茅、九天、鲁班、花神、三郎、道君、文昌、南木神之属，及方隅有凭依山木、树木、器皿成神者，皆可类推。

属火，则火神也，生育雷电之司也。

注：官鬼属火，如离神、电神、南斗、火雷、韦陀、元坛、华光、五神、五赫、三煞、灶神、旗纛、炉神、炮神、香火、南堂、利市、生育神之属，及由火成神可类。

属土，则土神也，及山川社稷之司也。

注：官鬼属土，如地祇、太岁、城隍、社稷、土神、庙神、宅神、伽蓝、皮肠、当境、本家土地之属，及由地方功勳为神俱是。盖土部神灵、圣号曹名非一，有飞游、作犯、斫伐、坟墓、坑厮、金神、吟神、伏尸、螣蛇、天曹诸称，当以八宫、六神、诸星，配合辨别。若白虎土官，乃断金神七煞。大凡西北土厚，惟知有地祇；东南土薄，故多土曹之号也。所以因人、因地、因事，通变多端尔。

生前好勇之鬼，言其性故属金，或亡于干戈锋镝之下，及病丧于喉、肺。义、利，言其成鬼，故金类之。成鬼而能有善，上帝命其所司。若位于西方，权于秋令，主于兵事，则金象而考也。

注：此察鬼神所由来。金鬼，其鬼必生前好勇，以性言之，其鬼亡于刀兵；以成鬼神言之，其神所司何事，或水或火或土或金或木；以所司属言之，如关岳神勇义属金，七煞丧煞，体金司煞属金也。遁甲七煞乃庚，是谓体金。

生前谋利于水，或亡于江海风波汤卤之中，及病丧于腰、肾、茶、酒，凡司河泊舟楫，则水象而考也。

注：凡出身显圣，亦可推之，则变化无穷矣。大慈显道南海，三官生受龙神，仿此。

生前陶情花乡，立业桑麻，或亡于笞杖树木之下，丧于捆缚、疯癫，凡司栽植砍伐，则木象而考也。

注：凡两可不能一见，当审累重，如南木神应水官者，体木司水也。

生为炉煅之事，死于烈焰疮痍，血衄胎产，凡司鼎釜孕育，则火象而考也。

注：宜推而广之，五行六神诸星配之。

生前土技农耕，死于瘟疫脾胃土石之难，凡司动作，则土象而考也。

注：惟灵显东南。

法有以动为鬼，阳男阴女之分，午南子北之来。一动一鬼，三动三鬼。爻以鬼皆动，则以鬼属之方为方，鬼属之数为数也。

注：鬼静爻动考动爻，鬼动爻动考鬼爻，动与爻计，鬼与数计，如鬼动值土，断五鬼也。

鬼爻发动，考之宫也；卦爻俱静，求之外也。无鬼索伏，考之飞爻；伏鬼若空，务之修德也。

注：鬼爻独发，以八宫考鬼，爻与鬼皆静，以外卦考鬼；鬼爻隐伏，以鬼上飞爻考鬼；鬼伏复空，乃无鬼祟，惟修德而已。此专考鬼，非断神也。

夫一官鬼而专于五行，二官鬼而专于六神，动官鬼而专八卦，乱官鬼而专诸星，世官鬼而专六爻也。

注：卦有一官，以五行像之。卦有二官，以六神像之。如下临白虎，则曰武神；上临青龙，则曰树神也。卦有动鬼，以八宫

像之，如鬼动乾，则曰天神，如鬼动坤，则曰地祇也。卦爻乱动，或中有官动，以何星临官像之。此专断神也。

神鬼有殊，考求无二，是故官动乎乾，谓干天神，谓冲寺庙，父老僧人之鬼，王侯都厦之灵也。动乎坤，谓渎地祇，谓妨坟墓，母妪之鬼，后妃之神也。震东方也，九天之神，道之宗，蚕桑舟车之司也，辱身折足之鬼，雷火部之威灵也。巽东南也，其司风波镇海之神也，花果园林之祟，长妇女之魄也。坎北方也，在天为北斗，在地为北极，百川四海恒河之灵，其广大也。盖天下水火之神，确乎其不可易也。离火德也，于星荧惑，于士庶曰香火，于家曰灶，于骨肉曰中女之鬼也。艮为山神，为五岳，为荒塚，及童儿之鬼也。兑为西方，释之宗也，咒咀之孽，尸祝之诳，师尼之鬼，酒色之邪也。

注：言官鬼独发，卦爻皆静，以八宫象断如此。

初爻井祟，井中之鬼，司居之神也；二爻灶祟，灶下之亡，司境邑之神也；三爻家堂之祟，闺壶之鬼，司都郡桥埠之神也；四爻门户之祟，关隘之神；五爻道路之祟，王侯之神；六爻坟墓之祟，慈悲之尊，奴仆之亡也。世于初者，家神也；世于二者，土神也；世于三，为园神；世于四，为五神；世于上，为山神也。

注：言卦得一鬼，现在何爻，及世鬼居何象，以六爻象断如此。

青龙之为象也，司喜庆财利之神，东方圣贤，文班之师相，为桃李之妖，胎产之鬼也。朱雀亦离神也，司词讼、纠善恶，掌交易，主生育，狩端门，权中鼎，或言语之干天曹，或囹圄之妄冤鬼也。勾陈一土神也，司禾黍，主社稷，为工巧之亡，折跌之鬼也。螣蛇属火，黄帝之左右也，为妖邪怪异之扰，飞游砍伐之神，绳结惊狂之鬼也。白虎为金甲之神，为丧服之祟，兵凶虎横，称呼元帅者像焉。北方玄武，强梁之神，盗贼之鬼，河井之亡，妓女之魄也。

注：卦得二鬼，上临何神，下临何神，以六神像断如此。

父母为祖先，妻财为臣妾，兄弟为手足之缠，子孙为儿女之孽，世是本宗，应是异姓。

注：六亲有动，则以六亲像断如此。惟化鬼及独发者尤甚。世，本家鬼也；应，他姓亡也。

犯亥子，则天将斗神可祷也；犯巳午，则火德财神可禳也。树神东岳，乃寅卯之官；佛氏丧车，乃申酉之象。辰戌为处处之土神，丑未为家家之地鬼。

注：十二支神值鬼，则以十二支像断如此。

犹有官鬼现于贵人者，冠冕之神也。天喜者，利市吉庆之神也；丧门，丧服神也。天火、火德，天触、灶司、天贼，强梁劫夺之亡；天狱，笞杖徒流之鬼。官符主讼，羊刃司兵。驿马为商旅之冤，天河为觉溺之屈。华盖，僧道也；咸池，娼妓也。暗金，产妇也；血衄，血鬼也。太岁，土德；刀针，斩绞伤也。坧墓，坟茔之咎；丧车，棺椁之殃；折煞，折跌之鬼。飞廉游神，将星武神。天医医神，天马马踏。浴盆，婴童之溺；摧尸，伏尸之祸、孤神、绝嗣之鬼。太阴月德，受福于王母；太阳天德，赖祐于上帝也。

注：鬼值何宿，则以诸星像断如此。天河水库，乃天之浩府，故正自辰，逐月顺行；刀针金宿，正月当自乾起，故始亥顺行也。余详诸星章内。

夫四穹之内，无处而非鬼神。然有方隅风俗之所尊，地水火风之所司，或显一乡，或征一国，难以繁陈。语谓：“千古而上，未有之神何所知？千古而下，再成之神何所拟？”察鬼神者，但以五行八宫，变化而像之，以为后学之范，虽今古可通也。必实指鬼神而泥之，则诬矣。

大抵神多为祐，鬼多为祟。盖灾病之来，多因自孽，若不洗心悔过，以除孽本，徒聚巫陈牲以媚鬼神，鬼神未必享也。况息杀生命，以祈我之命，是益重其孽也。故曰“祭祀莫善于解禳，解禳莫善于修身”，此之谓也。吾于鬼神章，兽三致戒云。

易冒 卷七

学业章第五十八

注：内详九流、百工、何业、成业、执役、业牙、丹炉、符咒、修养九问。

君子以习其学，百工以肄其业。学儒者，文爻实而声名振，世体空而德业迁；从九流者，官鬼备而人慕，妻财旺而利丰。从百工者，以财为用也。

注：学能庇身，故父母为文书。官鬼为声誉道望，妻财为利息，财官两备，其业必丰。

如百工未业而筮何从，得金财而利金玉之工，水财而利水泽之技，火财为机织、裁剪、陶镕，土财为农田、泥土、砂石，木财为花园、樵采、桑麻。财发坎而利于豕酒，妻突离而宜于陶炉，震巽为舟车转运之谋，乾兑为玩好敲槌之事，艮喜樵夫，坤乐农父也。

注：以财值何属、财动何宫断之，玩好为宝贝金玉，敲槌为铜铁工也。

天医为医，驿马为商，贵人为役，天罡为渔，朱雀为优，白虎为屠，青龙为翰，螣蛇为戏，勾陈为匠，玄武为幕。以财旺宜趋，财衰宜避也。

注：以财值诸星六神符之。役，隶卒也；幕，幕宾也。旺财所值，是业能兴；衰财所临，此业不发。倘卦无财爻，则以子孙为财元神，动离宜陶，并雀宜优也。

成业者，世空则无成，卦六冲而有半途之废；执役者，财官旺则利归其室，官克世而有补作之忧；业牙者，财官旺则客集其门，应象空而有张罗之叹。学丹炉而用财，学符咒而用官，学修养而用世，此则有别，其他百艺，皆以财为用也。

注：符咒求灵通，故用官；修养求长生，故用世。其他工巧技能，专以资身立家，故执妻财为用。

盖问业在于趋利，因业之利而辨诸用，则用神随业而移，吉凶昭焉。

治经章第五十九

注：内详性经、专经、著书、诗画、参禅、明传、演法、修谱八问。

古人受书，经学尚焉，此义理之源，亦科名之藉。故官文两旺，而名荣经术，世空而白首无成。概问何经，则以五行分之：金为《春秋》，以其义也；土为《易》，以其信也；火为《礼》，以其文明也；木为《诗》，以其被乐也；水为《书》，以其出雒也。虽然，概问不如专筮之明，考其官文旺实，并临岁月，而遇擢可期。

注：概筮，以文书属何爻，旺则宜趋，衰则宜避。专筮，惟官文喜旺，世爻忌空。

夫筮改经，犹卜求名，父官旺而名成，世爻空而不遇。治经经成，著书书成。文与世象，不宜一空；笔耕书佣、卖文卖画，父与财爻，喜其两得。

欲参宗禅之奥，戒六冲而世空。欲述古今之文，明圣贤之传，忌世空而文陷。欲演天书之秘，亦戒世空六冲。文陷而道伪，官旺而名高。欲修祖宗之谱，父旺而流芳，世空六冲不成也。盖学而求道，在乎成身，则六冲世空为戒；学而求进，在于成名，则象文爻宜旺。占者审之。

延师章第六十

注：内详附学、相资、同坐、馆安、蒙读、寄读、成师、邀游、访遇九问。

亲师择友，学业所尚，故以文书为用爻。不宜休囚，休囚有伴食之讥；不宜空破，空破无师资之益；不宜散绝，散绝多作伪之嫌。且三冲来往，难收一岁之功；游魂改移，定有二家之志。

是以文书居日月之上，则师严而道尊，成人有德；临旺相生扶，则循循而善诱，名实兼收。动衰变旺，先惰而后勤；动旺变衰，先严而后敝。父化退而倦劝，父化进而克振，父化父而殊经，父化财而贾儒也。父化官则有显贵之交，父化兄则有追随之友，父化子孙则高闲好道，多物外之心。旺而克世，学问有责成之功；衰而克世，馆餐有求全之意。兄弟动多争主，子孙动多附从。官动高名，财动重利。

唯父为子而延师，然后以应为西席，以世为东家。应生世者，主宾相成；应克世者，游从不易。应空其意不留，应动其心不一，应破散其体不宁。而世动世空，则吾心先倦。然进德修业，必系文书，故父母之爻，不可一病。故应爻旺而父爻衰，不受切磋之益。

注：自占场父为用，父占兼应为详。盖应乃师之身体，父乃师之德业也。

父母为师，尊其道也；世应主宾，言其体也。贤愚优劣，专察父爻。若百工学艺，技而非道，专凭应象，唯六合及应旺生世为吉。是故应空其技不精，应破散其制作不备，应墓绝其艺不巧也。应克世而多役使需求，三冲而不能久处。

注：道贵博学专用文，技贵异巧专用应。

卜附学者，以学为先，亦看文书，忌三冲父陷。兄动克世，则学友轻狂；应爻克世，则主家重利。卜相资者，友而非师，则看应象。喜六合生身，恶三冲克世。喜生扶旺相，忌空破散绝。

若同坐有功，馆地有益，又看文书。馆地之安，世爻毋空破散绝，而鬼象莫之交重，则安宁可居，而随墓助伤，亦有灾咎也。若蒙读之安，惟取子孙旺相，而鬼动命墓不宜也。附亲远学，离乡寄读，及入学诹吉，皆同此占，兼看文书之旺衰也。

延师成否，贞冲合冲，世空应空，及无官而不成。邀师远游，父占应坏而不从，子占父坏而师不诺也。访师遇乎，指其人也，应空六冲，则不得其门也。

生我者亲，成我者师，可不慎乎？

卜馆章第六十一

注：内详何地、何时、就馆、开馆、附学、代馆、辞馆、荐馆、攘馆、选刻、卜徒、幕馆、商馆十三问。

问馆有无成否，喜六合生世，恶三冲应空。问馆何地，以应为方，在坎兑而近水，在震巽而入林，在坤艮为山野，在离为城市，在乾为大都灵宫也。应居父母，则诗书礼乐之家；应居官鬼，则仕宦吏胥之宅。居妻财为商贾，居兄弟为同侪，居子孙则清闲道德之门也。

以阴阳而分男女之延，以内外而分远近之请，以游魂归魂而分本土他境。以六神分景色，诸星为人事也。问得馆何时，实世生世合世，则其期也。

注：应带青龙，其地在长林丰草；玄武，其家在水畔池傍；朱雀，闹市烟村；白虎，荒乡僻境；勾陈，近于田野故茔；螣蛇，依于往来工艺舟车也。贵人为官，驿马为商，华盖为僧，天财为贾，天猪为屠。余以类求。

既延而问就馆之吉，三冲则砚席难终，财陷则束修未腆。应空无尊道之志，克世有慢师之嫌，应破散绝有怠学之心，唯六合财旺应生为吉。

馆已定矣，如我处而身安心定乎？则随墓助伤，不可犯也；世用空破散绝，不可遇也。官鬼不可动也，动则以五行八宫、六神诸星详之。游魂不久，三冲不定。

注：鬼静无戒，鬼动有忌。艮由童仆产祸，兑由妇女生言，乾坤防老翁妪之憎，震巽慎小工技之谗，坎惊盗，离惊火，八宫之约举也。金丧，火非，土病，水失，木折。咸池淫，天贼盗，官符讼，驿马迁，五行诸星之约举也。六神亦然；玄武遗亡，朱雀毁谤，龙败事于嗜酒，虎失利于兵丧，勾陈咨趄遁闷，螣蛇浮躁惊惶。

设帐来从乎？应空则负笈无徒，财虚则馆毂不盛。问附来者，同于设帐；问代席者，同于成馆。若簉辞馆，以应为主人。应克世而不从，应空散破绝而不遂。主不从，虽六冲不能解；主不遂，虽游魂安可辞。惟应实及不克世者，可以去也。

簉荐馆，类于仗托，贞冲应坏则不力，克世则不忠。簉攘馆，犹于夺婚，应破散空，彼谋不遂，克世而为其所夺也。

有问选文刻书，其用有二：名用父母，利用妻财。卜徒好恶，其用亦二：三教谊同父子，故用子孙；百工业以求利，故凭应象。然执贽之后，有子孙应象之分，束修未行，则皆从应象。此三教百工同也。应克世而其人矫罔，应空破散而其人下劣。三冲而无恒心，财空而无礼币。

若筮馆于衙幕，及同业于富豪，财官世应，喜其生合，忌彼空冲。若筮遇于何地，则不以应而财，财生之方，财动之宫，乃可图也，财属五行，乃其象也。六神诸星参之。

注：财动论宫，如财动乾宫，宜趋西北；财静论生，如财属金爻，利涉东南；妻财临水，遇鱼盐之业、江海之滨；妻财临木，遇花果之行、山林之所。土觅田野，火觅城市，金觅玉石。武水龙木，虎兵雀市，蛇商勾医，天医医使，华盖僧从，皆以财考也。纳人之请，世应为先；服人之事，财利为务。

功名章第六十二

注：内详发年、考时、发案、收试、补廪、廷试、武试、封荫、投麾、从军、委署、草野、求名、仕途、大象、升信、何时何期、何方何地、升官、筮官、补官、援例、久任、身安、荐奖、开复、上书、献策、条陈、虑参、防后、大计、告养、履危、揭参、交代、杂职、裁缺、公议、国务四十问。

国家以文章取士，则凡大小试，皆以文书为用，故父母喜日月旺相，恶破散绝空。飞而无助，虚抱经纶；伏而有填，定升廊庙。安乡遇克，将飞而坠；绝处逢生，已弃复收。象凶而吉者遇其时，象得而失者违其令也。唯文书临建临破，不同此例。得名在我，世不可空；主试在公，官不可失。

注：求名者，以父母为用爻，官备世实则吉。飞而无助，如未建辛日，得渐是也。伏而有填，如午建戊午日，得大畜是也。安乡受克，如亥建甲寅日，得乾是也。绝处逢生，如申建乙巳日，

得震之随是也。遇其时，如卯建丁亥日占秋试，得大过之井是也。违其令，如寅建辛亥日占春试，得师之坤是也。遇时，谓考期官文值月建；违令，谓考期官文值月破。若文书以象学业，今值月建，后逢月破不坏，今值月破，后值月建不全。

有谓六冲不吉，曰否，或应阻其考也。有谓合处逢冲不吉，曰否，或临试而值变也。有谓悔冲不吉，曰否，或虑得名而有事也。有谓随墓助伤不吉，曰否，或名成而疾病惊惶相缠也。有谓二分不吉，曰否，或求名而两适两就也。有谓兄动不吉，无非夺标之嫌；子动伤官，无非嘱托之辈；财动克父，无非贿赂之夫。唯在官文两强，仍可得志。科举古占，得乾震则吉。乾天震雷，以应元首声名。然皆凭于父摇官发，化变飞腾，若父失官空，宁辞渝落也。

注：以上八者，求名虽不宜见，若得官文旺备，或先阻碍，而后成名。

是故拔元拔首，父母建于日月；补增补廪，妻财并于丰隆。世居父旺，曾经揣摹之成；应坐父兴，当赖风簪之助。动衰变旺，喜后劲之文；动旺变衰，惜强弩之末。进神则上其名，退神则下其等。爻爻相助，文章粲于斗牛；象象来生，姓氏悬如日月。两官两父，旺则连登，衰则再试也。猝病怀忧，诚是随官入墓；越规受恐，宁非助鬼伤身。

父坏而带螣蛇，近忧降辱；财动而临白虎，远应丁忧。衰居龙雀，长诗字而短文章；废坐勾元，骡诵读而耽酒色。世投月破，恐病阻试期。身犯旬空，忌心慵尘务。有气有伤，小有瑕庇之戾；无根无倚，大嫌荒谬之篇。

如筮发迹何年，官衰补助其官，父衰补助其父，两现而强其弱，一伏而露其藏，实世而是其时也。

注：如父旺官衰，以助官之岁为期；官旺父衰，以补文之年为发。官文两现，若有一衰，则生助所弱之爻，如酉建壬戌日得革，丑年发甲是也。官文一伏，后遇露其藏，如亥建乙卯日得旅，

而辛卯发科是也。既问第而复问年，或世空当应实世爻之岁。

簉考何时，维司官鬼；发案何时，兼详父爻。收试遗生，专依系象。空散无怜才之心，破绝少广罗之量。最忌克世，虑有杀刑。

注：凡按考独视官，发案挂榜，并视官文。系象即官爻也，带病不收，克世即怒。

有粮可补，世空财坏，嫌无；允廪可帮，鬼克官亡，嫌驳。成乎同于谋事，攘乎类于夺物也。

注：官空破而及克世爻，是文宗不允。指是缺而能成，贞合冲、世应空、财官失，则不就。忧人来攘、顶名寄籍同类。应不克世，无相夺也。

廷试擢第，专以官鬼旺相为要。日月并见而抡元，时令旺相而高第。世不宜空，文不宜陷。官爻旺而岁五生，利见召对之荣；文鬼坏而随三墓，忧有不测之辱也。最嫌子动，为卑我品秩。复忌兄摇，为夺吾上第。官伏动扶，疑得位而未任；卦冲世破，恐临试而不前。官绝遇生，偶逢新例之擢；父衰得助，复有考选之荣。

注：此以官鬼为甲第，父母为对策。岁五，即岁君五爻。三墓，即命墓、世墓、身墓也。

武试贵乎官，英雄得录用也。世不空而父不陷，便利虎闱。请荫请封，戒五爻之伤世，及官鬼之克身。父乃玉牒，不可破空；世是谋躬，不可虚陷。

注：如为父母子妻，则世空不忌。

投麾效力，贞冲鬼动则不录，官爻空破散绝则不用。为名则官旺为佳，为利则财官并重。世不可病，官不可克。入伍从军，以身命为要。世象强良，冒锋镝而成功；官爻旺相，拔行伍而拜爵。官爻克世，助伤随墓，弗宜见之。署篆委镇者，簉成类谋差，世应空、贞合冲，及官不可病。簉利同服役。官坏财虚，徒劳驰骤；官来克世，且虑衅生。匹夫好勇，而簉曰：吾生平功名何如？

若官旺则有特授之官，世空则成妄想之咎。随官入墓，助鬼伤身，则戒覆家亡躯之祸，当勉于守正也。

注：后世用才无方，亦备此占。

既食禄于天家，而筮仕途，皆以官为用神。喜居日月，人仰照临；喜居旺相，物沾时雨；喜值生扶拱合，如倚长城而驰康庄。忌值破空散绝，空则失职，破则败事，绝则解任，散则削籍矣。子孙动而防公议，别衰旺以定重轻；兄弟发而减俸粮，分喜忌以言凶吉。长生临官，而知宦境之远达；帝旺临官，而知仕路之升迁；衰墓死绝，而知官道之否。进神则升爵升阶，退神则降禄降级。变墓绝而动生扶，日月克而动变生，皆为安象。泄气动而元神静，升信杳然。元神发而用象摇，迁音乃至。

注：子乃官之忌神，动则克官。若官旺子衰，或有小过；或子旺官衰，乃受其祸。兄弟非官鬼所忌，但嫌克官之元神，应见罚俸降级之忧。爻得官鬼独旺，不用元神，亦当顺利升擢。卦中或遇子财皆动，官得三象贪生，反属大吉。

自占，世爻盖不可空，空则当升而未迁，有位而无司，在任而居闲，带罪而立功也。他占则否。随官入墓，助鬼伤身，仕宦之所忌也，衰旺皆凶。六合六冲，非仕宦之所忌。冲而旺相，三月之淹；合而休囚，五年之滞。犹有晋升为吉，屯蹇为凶，亦不可遗也。

注：凡占晋升屯蹇四象，值言吉凶，无论官鬼。

问升迁，卜得日月之官，则超迁也；得旺相之官，则平升也；得休囚之官，则未转也。旺相而动尤速也，休囚而静更迟也。遇空失望，遇破阻谋，遇散枉求，遇绝难始，遇世空而弗遂其占也。毋谓官伏，得助亦升；毋谓子动，得日月亦升；毋谓冲合，得交重亦升；毋谓随助，得旺相亦升。

注：专考官爻，代占不忌世空。

其升何时，值月为法，逢生旺而会推，遇扶助而高擢。再筮是期，世实官祟，非复他日也。

注：如两官一强一弱，其弱值月则升。如亥建壬戌日占迁得丰，季冬始升是也。一官必求值月，可以占验。如长生临官，得官有气，亦可升迁。生助之月亦然，而不若值月为最，长生次之。

其升何方，官属为法，属金而当升任于西上，属木而当治事于东方，属水而当齐民于北海，属土而当秉政于中央，属火而当为化于南隅也。

注：不拘官爻衰旺，及十二支神，大略以五行分之多验。如戊建戊申日占何方得革，以支神言，则以丑官东北，未官西南，后应擢河南中土。其他仿此。

若独发离宫，关南柱石；单摇坎卦，塞北屏藩。其在巽也，兴教化于东南；其在乾也，立功名于西北。兑当陇蜀，震偏齐鲁。艮行辽蓟之漠，坤来秦晋之疆也。

注：凡独发，则以八宫断方数，其他则以五行断地利也。举天下而言之，弗拘乡任。

一世官则以禽宿为分野，一伏官则以飞神为地方。然占官而不占世也，既仕以官为象，而不执世。

注：卦中一爻官鬼复居世上，当用演禽二十八宿分属、何处、禄仕是也。如亥建戊寅日，卜升方得同人，亥官居世，京房降宿危星，后擢齐地分野。卦内无官，当求伏官之上飞神，以为任所是也。如酉建乙巳日占升方得颐，丙戌世伏己酉官，后擢西北。余仿此。

归魂屡复旧任，游魂尝履新途。六冲伏藏则远，六合出现则近。内近地而外远方，初接壤而六边鄙也。

注：凡卦中只一官爻，在内为近，在外为远；初爻近，六爻远。余爻类推之。若遇内外两官，则考其卦，游魂六冲伏藏应远，归魂六合出现应近。盖一官以内外分远近，两官以卦象分遐迩。

有指而筮；得是地乎？贞冲合冲、官坏世空，则非食禄之方。

有卜考选升调而筮：得是官乎？世实官旺，则为应拜之职。

注：考职选官，升任调缺，或指是地是官，而筮同此法。

概占当得何官，则专察官爻，以八卦而别其属之部曹。

注：乾为天官，古称冢宰，木天之臣，属朝廷禁内杂职，及厩马之司。坎为冬官，古称司空，总河总漕之务，司台谏，属天下之水利者。艮为阍寺，司晨门之吏，防御备卫之僚，治狱禁，属矿藏宝库钱局之类也。震为春官，古称宗伯，师傅太子东宫，或总试总裁，及司宗庙祭祀礼乐文章之官也。巽为天使，及司上林，奉命申四方者，上差之僚佐也。离为夏官，古称司马，专耳目之权、纠弹之事，一为端门之辅，修史之文明也。坤为地官，古称司徒，司天下农事，有土之官也，疆场社稷之任，母后之内臣尔。兑为秋官，古称司寇，司言语，职刑罚，通章疏，主上膳之事也。

以六爻而辨其位之高卑。

注：凡官在初爻为散缺，一为本乡官守；在二爻为县邑，一为谏议大臣、相国学士；在三爻为守牧，一为三司首领，及大衙门随从之官；在四爻为司道，一为九卿六曹，及近君之臣也；五乃君象，非臣所居，惟代天巡狩之官，及钦命钦差者当之；六爻为贵戚之乡，及宗庙功勋之臣、高尚之士、辅相王府之官，四围之股肱也。武途封职，其义相类。

以五行而分其官之职掌。

注：凡金官必司兵事，或执刑衡。木官必司工务、礼乐苑囿、车舆舟楫，及桑麻、制造之事。水官必司江淮河海，及水利盐务、税饷漕储。火官必司文章、参劾、祭祀，及冶铸、喉舌之权。土官必司土地农田、社稷边疆，及陵寝、屯守之柄也。

以六神诸监，而参考其官之政事。

注：青龙则其政清耀，文章诗赋清花之府也。朱雀则其政剖断，谏议善恶，折辨是非，言路之官也。勾陈则其政田土，兴

教劝农，治寇保民，一方之牧也。螣蛇则其政传宣，往来驰骤，浮沉体察，差遣之利也。白虎则其政威武，掌生杀之权，秉军旅之事，刑罚之宰也。玄武则其政水利，司捕司谋之象也。文昌为翰林，官符为有司，天马为钦差，天狱为禁吏。斗木獬，巡方之官也；尾火虎，兵权之主也；星日为马，圣传之司也；亢金龙，文章之相也。大抵五行六爻八宫为经，六神诸星为纬以参之。

日月以像之，世应以度之，君臣以位之。是故独发论宫，一爻论位，两现而求诸属，俱无而考诸伏与变。伏占飞神，变占八宫。伏变这法，亦可离位属也。欲知当世之官守，以象求之，虽代有更名，理不远矣。

注：凡官临日月建，若非社稷之臣，定是直节科道之官。官爻持世为正印，临应为左右之职。五爻为君，非御史而当宠幸之臣；二爻为大臣，为宰相，而为国家之仪表。官爻独发，但论八宫；官爻一位，但论六爻；官爻两现，但论所属；卦无官鬼，则求伏上飞神，以位属辨之。卦有动象，则求所变官爻，以八宫别之。

补官起服，援例纳粟，戒世空而反遁也。图差代役，选缺参房，问成乎？冲不利谋也，世不利空也，官不利坏也。问财则不利财虚，问辱则不利官克世也。或筮久任乎？三冲游魂则不久，官坏而罢职，世空而解组，官克世而参谪。或筮履任身安乎？随墓助伤，及任乃病；世破鬼发，临政抱灾也。

注：久任以官为官，身安以官为病。卜筮用爻，妙在变尔。

求荐奖，而遇官文破坏，恐荐贤之不力；鬼象克世，虑奖餙之非真。世值空亡，求荣不遂，望擢难任。谪官开复，亦同此推。

注：民间坊匾、旌表、冠带、衣巾、乡贤、乡饮等事同类。

面圣上书，叩阍献策，遁不可遇也。见六冲而上下睽隔，受五克而披君逆鳞，五位伤而忠言逆耳。若条陈于将相，喜官兴而忌克世也。

注：五克，谓五爻克世；五位，谓五爻空破绝散也。

夫在任而防参罚，恶子动而好官兴，世空则离任。离任而虑后患，好子动而恶官兴，世空则无事。大计之问，求官鬼之无瑕，索世爻之有气。官临日月生扶，定膺卓意廉能之选，子孙动而有降职之忧，兄弟摇而有罚俸之议。兼逢官破，致仕还乡。养亲给假，告病休官，若官克世而被恶；官爻破绝空散，谁明高蹈之怀，世象随墓助伤，反受风尘之缚。任乱地而求身安，随墓助伤、世穷鬼发非祥。任危邦而求爵显，官隆世实则吉。

注：设如治河防决，忌鬼动鬼克；抽税征商，忌应空财坏。考卷有瑕用父母，征徭无用妻财，在占者志此用此，志彼用彼也。

凡公揭参疏，犹词讼也，先占上意从违，次考应爻生克。何时交代，官鬼墓绝、子孙生值以为期；何时官来，毋拘士庶僚役，官鬼生旺以为实。觅人代署，应空谁为代之。或从官，或从人，用爻当晰也。

注：官来，指其爵也；人代，指其人也。用爻微细如此。

太医、僧纲、道纪，所喜惟官旺财备，所戒乃鬼克世空，以及随助也。

注：凡占杂职皆同此。

衙门裁革，止察官爻；公议短长，惟求鬼象；国务行止，专从五位也。

注：官旺则不裁。公议将行之事，鬼破则中止。兴革损益，得君命为行止，五爻克世，则不行也。

用人章第六十三

古之治国者，莫难于知人。知人善任，而庶事有济，况于营家治生者乎？

任仆以财为用，任人以应为尊。三冲则鲜克有终，克世则中怀不利。任长以父，任幼以子，任士以福，任臣以应，因其任而为用也。以生世为忠良，克世为奸恶。空则无能，或不为我力；散则无心，或不从我用。破不一向，绝不先劳也，纵生世而不得其力。

任文以父，任贾以财，任畜牧以子孙，任交游以兄弟，而应象皆不可病。盖应为根本，艺为枝叶，应空破，虽父旺而不文。

六亲之推，父母为才能，弟兄为诡诈，子孙为善良，妻财为术技，官鬼为强梁也。先忠后佞者，子化官；先奸后义者，鬼化财也。

注：必因生克，而后言吉凶。

六神之推，带青龙而生，则得弹铗之贤；随青龙而克，则惟藏刀之诈。虎生世者，刚而直；虎克世者，勇而暴。雀生世者，辩而忠；雀克世者，佞而奸。武生世者，智而敏；武克世者，巧而贼。螣蛇生克，分损益之虚浮；勾陈克生，分善不善之迟滞也。

注：若来生世，虽凶亦吉；如来克世，虽吉为凶。

动于八宫，则察八宫之情；坐于五行，则推五行之性。星煞详之，衰旺考之，则人之贤不肖，可藉蓍而得也。

注：八宫专论独发，五行六神诸星，惟论用爻所值。如动于乾，生世为刚健，克世为骄恣；发于坤，生世为柔顺，克世为阿逢；在震，生世为正直，克世为暴戾；在巽，生世为伶俐，克世为风从；在坎，生世为智巧，克世为奸险；在离，生世为明识，克世为浮燥；在艮，生世为笃实，克世为疑滞；在兑，生世为和悦，克世为谄佞。

水之为贤曰智，为不肖曰贼；火之为贤曰急，为不肖曰纵；木之为贤曰慈，为不肖曰懦；金之为贤曰刚毅，为不肖曰强横；土之为贤曰敦信，为不肖曰愚蠢也。

驿马之生也，勤于趋走；克也，数于往来。天财之生也，善于生息；克也，善于贪攘。官符之生也，长于智谋；克也，长于讼斗。咸池之生也，能于工技；克也，溺于酒色。生世，则有益于己而为贤；克世，则有损于己而为不肖。

测隐章第六十四

注：内详喜怒、害助、测物

事多蒙昧，迹涉嫌疑。人心之诚伪喜怒，物象之有无完缺，善筮者，亦可以意得之。

故筮诚伪者，专察用象。疏则用应，亲察六亲。用空则不实，用破散则非真，用绝则其习不坚，用动则其操不笃。化于生扶子孙，善而可亲；化于克冲官鬼，恶而宜避。

测人喜怒，用神冲克世爻，则怨恶相加；空散破绝，则忧喜无实。居白虎而生世，怒而不迁；居青龙而克世，喜不相及。卦冲而爻生，外怒而内悦；卦合而爻克，先喜而后嗔。喜怒之占，生克为重，冲合为轻。

筮为我害乎？克世者是。筮为我助乎？生世者是。然逢空破散绝，则损益咸虚。

测物有象：父像文书，财像珍宝，鬼像妖孽，子孙像飞走之物，兄弟像工力之事。有无完缺，以用神衰旺、虚实、破散断之，则物无遁情矣。

收雇章第六十五

注：内详雇工、倩人、去恶、防夺、防非、防病诸问。

凡占收雇，三冲不久。收仆备驱役之使，财为用神。是以财神空，身虽从而心不向；财神破散，轻疾病而重丧亡；财神绝衰，不得其用；财神旺而生合世身者，以手足以奉腹心；财神旺而克冲世者，此干仆而加弱主。故未收而占臧否，止忌三冲财病，虽克不嫌。已收而占去留，亦忌三冲财动，克世当去。

注：未收之时，财疲生世，吉而不吉；财健克世，凶而不凶。已收之后，如问忠奸去留，克世则负己，生世则尽公，岂能执吉神克世不凶乎？

察其性情，专于用象，金刚、火强、水智、木仁、土信也。青龙能文，朱雀能言，白虎暴戾而玄武奸，勾陈迟钝而螣蛇浮也。八宫辨之，诸星配之。

注：用爻独发而论也。在乾志高，在坤性顺，震直巽奸，坎暗离明，艮讷兑佞也。角有蛟志，尾有虎性，奎有狼心，星有骥德也。随生克衰旺，而言吉凶。

游魂用空者，则有逃亡之变；归魂用破者，则有回赎之嫌。二父二官，事或两头之系；三刑三破，身常四体之灾。世空我疑，间动防阻也。

注：三破，谓岁月日之破。

雇倩人工，则应为用神。应破绝则不能美其终，应空散而不能谋其始。三冲无定，克世无良。倩蚕织之妇，妇女从财，财不可坏；雇倩从应，应不可病。应来克世，恐害吾事；合冲变冲，不可久留；八纯六冲，不可暂用也。欲其去，应克世而不去；欲其来，应受阻而弗来。人可信矣，不为夺乎？应克世而被争。人可用矣，不受非乎？官动官克而被讼。人可用矣，不有病乎？命墓、应坏、鬼动而患病。

易冒　卷八

理财章第六十六

注：内详干谒、囤积、贾肆、托本、寄货、公门、博戏、借贷、觅物、订会、巫医、优娼、工技、缘募、迎客、脱产、行险、索逋夺报、发伏、造作、脱置诸问。

凡趋利之占，皆以妻财为用，因事而求，偶兼他象。是故干谒宜官，财官不可丧气；商旅忌鬼，官鬼岂宜交重。

注：行商若财爻旺相，或鬼动不值雀武蛇虎，亦为有利。倘妻财空破，即应讼盗惊灾。

囤积审脱时衰旺，养育种植类之。脱于春者，宜木象之乘财；售于冬者，恶火爻之为用。

注：当考所筮之时，亦宜财神有生扶，无破坏，后复遇时，方得厚利。倘占时原属破散，失救援，纵后遇时，亦利薄也。

财审有蒂，遇时则芳；财神无根，遇时亦常。脱地有定则考时，脱时无定则随占。

注：如贾肆之业，止论时下占财衰旺，不可以后来日时为应。

贾肆之问，亦利久长；托本寄货之问，又利始终。故三冲有始而无终；应爻破散，先忠而后佞；应爻空绝，先亲而后疏；应爻克世，怀叵测而侵没也。四者有一，纵财无克破，亦弗用之。

注：凡占业得财神旺相，如无伙伴，虽遇三冲，但不久而亦有利可为。惟托寄遇冲，断无终始，财虽旺相，不可行也。

趋利公门，当控官心喜怒；求财博戏，须详应象克生。

注：官鬼空破，乃官不重也；若克世主有刑责，故财虽旺不吉。应爻克世，乃彼胜我也，财虽旺，必先赢后输。

借贷戒应空，是谓虚诺；觅物忌世空，是谓难得也。畋猎如之。

注：买货若遇世空，妻财虽有在卦，亦主难买。

复观所求，当分其用。飞走之灵，不用财而用子孙；衣服舟车之具，不用财而用父母。订会类于谋事，贞合冲则不聚，世应空则不会，财官陷则不成也。为人说合亦然。若筮得会，财当日月可获也；若筮有终，三冲应坏克世非良也。

注：财当日月，如酉建丁酉日占庚子日摇会，得水地比，果获之是也。再如寅建乙卯日占何时得会，遇丰之离，其后午月方获，是财当月也。余仿此。

巫医之利也贵名誉，官鬼为专；优娼之利也贵鼓舞，亦官鬼为务。工技之于人事也贵情好，忌应克世；僧道之于缘募也贵悦从，恶应爻空。行次迎客，彼空谁来；脱产求交，应空谁与也。交有所指，则同谋事矣。

注：或兼用官，或兼用应，而财神不可脱也。

若行险求财，此非营生之本，未言其利，行明其害也。助伤随墓而害大，应克世而途遇强梁，官克世而路遭罗网。鬼爻发动，虎卧当道，欲往何哉！加玄武为寇盗之凶，加朱雀为斗争之患，勾陈为拦阻之人，螣蛇为风波之骇，白虎为灾疾之危，惟青龙可以凶而吉也。

注：非分之求，凶多吉少，常身家俱殉，故有戒词。

索逋者，应克世为负心；夺报者，兄爻动为攘光。脱者宜动，留者宜静。发伏藏者宜伏而现，假造作者宜变而建。

注：发伏，如开矿淘沙取藏之类。假造作，如木匠土工针线

机织之类。财临变爻，复值日月建为吉。

财逢合而当遇，财逢冲而当起。货入宜衰则易买，货出宜旺则得价。财逢生旺当征贵，财逢衰病当征贱也。

注：此言货价贵贱，收发之宜。

财爻绝，得生则脱；财爻空，得填则获；财爻破，得补则复；财爻无，见时而得。财爻旺，墓库而收；财爻衰，得旺则长也。化进神者日增，化退神者日减。利厚者财化生，利薄者妻化克也。

注：此言财爻生克补救之法。

游魂财旺宜行，归魂财衰宜止。六冲宜改图而得利，六合宜需守而生财。坐世遂本地之求，居应称他乡之脱。现于间爻，中途反生息也。

注：此言脱货之利。

财衰于内，买宜近乡；财休于外，置宜远所。衰而旺，其价先屈而后伸；旺而变衰，其物先金而后土也。卦无财而财且衰，价贱而不得买；卦无财而财且旺，价贵而不能买。惟现而衰，满心得置；叠而旺，遂意得脱。

注：此言置货之宜。

脱货何为吉方，财生之处也。独发求宫，重见求属。置货何为吉方？世生之所而已。

注：此言置脱吉方。

问何货为善？无是法也，当分类占之。间有筮焉。财旺则以妻财所属，财病则以子孙所属，五行六神而考也。类金者玉石像焉，类水者鱼盐像焉，类火者陶冶像焉，类木者百果像焉，类土者五谷像焉。青龙木利，喜庆为用也；白虎金利，丧屠为用也；玄武水利，酒食为用也；朱雀火利，市肆为用也；螣蛇人事之利，出入为用也；勾陈土地之利，农田为用也。有指而求，无自妄也。

注：问者意属何类，然后以象像之，万弗自逞聪明，以妄言语而误趋避也。

夫子孙生我财，喜有而有喜无；官鬼耗我财，吉安而不喜摇；兄弟克我财，喜静而不喜动；父母为辛劳，喜抑而不喜扬。凡益财者宜其动，损财者宜其静也。

注：此言六亲喜忌。

传言得萃，而经营折本，当为占者之戒云。

注：京子传以萃数缺无补，因戒占求财，兴贩尤忌。

桑田章第六十七

注：内详种植、召耕、佃田、耕牛、蚕利、叶价诸问

田之用财，言其耕得也；桑之用子，言其育利也。是故占西成之稔，财实则丰，财虚则荒也。所以五谷熟，为财爻之有助；百果成，为妻象之无伤。卦验得丰，古称大有。

夫官鬼天殃也，殃不宜作，作则为稼穑之害矣。是故火鬼动而司亢旱，水鬼发而司淹没，土司蚁，金司蝗，木司风而及萎秕也。初爻田也，二爻种也，三爻为秧，四爻为苗，五为谷子，上为耕夫，鬼发于是，则为是灾。鬼发初而田原瘠，鬼发二而种复植，三爻鬼动而萎稗欺，四爻鬼发而虫蠹疾。风雨阻其结也，五象鬼兴；病厄困其力也，六爻鬼作。

若夫稻宜早晚，种宜蔬果麻豆，皆察财象逢时。春树而秋收者，金财之宜；夏植而冬遂者，水财之利也。召人之耕，应为彼，财为息也。应爻空破散绝，则荒吾田；财爻空破散绝，则薄我息。克世则负己，三冲而无恒。惟应生合而财旺相，则得上农之助。

若耘人之田，惟以财为利。筮耕牛，五爻、子爻不可病也，鬼爻不可动也，爻属、生属不可入鬼也。

注：病谓破空，生属即丑爻也，爻属，五为牛也，值鬼有病。

是故蚕以子为用，实则多获，虚则少成。盖子孙空破，而忧筐簇之虚；福德生扶，而喜结缫之实。筮坎兑者，虽子旺而徒劳；筮艮离蛊咸者，虽子衰而倍常也。

官鬼，蚕之病也，病不可发。或现于卦，或现于爻，或现于五属，或现于六神，因事以趋，随事以避。是以坤艮之鬼，其室不宜；乾兑之鬼，其釜不利。巽震惊风雷之暴，坎离恐水火之殃也。初爻之鬼，病在种也；上爻之鬼，病在茧也。二为箱，蚕细之时也；五为筐，蚕大之日也。鬼发于是，岂无变乎？三爻人也，四爻叶，鬼发于是。岂非人困而叶悴乎？

注：何宫何爻，鬼动益甚。

水伤湿曰青，金伤饥曰白，火伤热曰焦，木伤风曰折，土伤气曰黄，鬼发于是，则有是病。

注：此释鬼限五行之义，青谓湿青，白谓亮白，焦谓细小，折谓软死，黄谓萎黄也。

龙不可以闻歌唱，雀不可以见喧哗，虎不可以动悲泣，武不可以触秽污，勾陈不可以徒箱筐，腾蛇不可以历倾覆。

注：此释鬼现六神之义。如鬼现支神，则巳有蛇游，子有鼠舞，午为蚁食，酉为鸡啄，亦以戒焉。

复求得利者，专用妻财；复求同育、更种、买蚕、育所，专用子孙。

注：蚕财，以财为用，同育、更种、买蚕、育处，皆以子孙为用。

夫桑叶，货物也。是故财爻旺相，其贵如金；财爻休囚，其贱如土。盖金土之贵贱，亦随日月时而移也。月以月计，日以日计，时以时计，亦随其占而考也。财旺于内，贵卖于近；财旺于变，贵于后也。

注：概占何时贵贱，以财旺之时为贵，财衰之时为贱。若计限时日月而卜，直以财旺为贵，财衰为贱也。迟早贵贱，以财旺之日月为贵，财衰之日月为贱。

叶可尽与？子孙旺而叶尽。叶可余与？妻财丰而叶余。

注：问叶可能尽，盖子旺蚕好，则叶可能食尽。蚕食外尚有叶多乎？财旺则是年桑叶茂盛，故应有余也。

畜养章第六十八

夫禽兽之物，以子孙为属者，以其蓄利之源也。或用于财，或用于子。其法有二：盖求物身命则用子，以物取利则用财。卦属爻属生属，而载于五行者察之。官鬼之神，是为物之灾也；白虎之煞，是为物之屠也。畜养之筮忌之。

注：官鬼为疾，白虎为刀砧，并忌。

是故牧马牧牛，鬼不可动于乾坤之宫，鬼不可入于五六之爻，鬼不可现于丑午之位。然后考子孙之衰旺，而白虎无拘，盖耕牛厩马，纵病而弗屠也。鸡、鸭、鸟、鹅之属，则以子孙为物身，旺肥衰瘠，空散则亡，破绝则死也。初爻是其位也，酉是其命也，皆忌鬼犯；虎为其宰，鬼为其疾，皆不可动。

注：此言畜禽消长肥瘠。若贩鸡哺鸭求财，当以财神为用。

猫、犬、彘、豕、羊、鹿者，莫不以鬼依二三四爻，寅、午、未、戌、亥之位为凶，发于坎、兑、艮之宫为不利，而子孙喜旺、白虎喜宁也。

注：二爻猫犬，三爻彘豕，四爻羊鹿，寅猫午鹿之属是也。

夫鬼守于亥者鱼必消，困于申者猴死。所以养鱼而信以财考，养黄鸟、斗虫而信以利求，畜牝而今以息问也。当复计其时尔。

注：不惟以财为用，复当考其获利之时，如夏畜秋斗则喜金财。

是故卜禽兽之肥瘠死生者，专物之身而言也，务用子孙。若以禽兽之畜养而待趋利者，专人之得而言也，因曰务用妻财。

丁产章第六十九

注：内详寄户、投图、归甲、清漏、交纳、散派、违限诸问。

立户成丁，置业归产，止畏征科之累也。故官鬼为徭役，不可动，不可克，动烦而克累也；不可随墓助伤，随助有飞差突派也。惟鬼静福兴，而安居乐业。或筮寄户，或筮投图，专察应象。应空不容，克世多累，世空无成，三冲不久。并分丁产、收回图甲、清漏粮赋，皆以助伤随墓为恶，鬼动克世为凶。交纳易乎？官克世而难也。散派难乎？世克应而易也。违限安乎？鬼动官克而危也。

户役章第七十

注：内详谋差、顶役、脱役、助役、卸役、讼役、避役、防

患诸问。

役有不同；有我求之役，有官派之役，有利之役，有不利之役。皆役于官也，故喜忌皆用官爻。求而有利者以役为利，则财旺官备为吉，以官坏克世为凶。凡盐漕河赋之差，吏胥吏卒之辈，官能荣之，故官不可空也；官能辱之，故官不可克也；官能利之，故财不可无也。随官入墓、助鬼伤身，为公门之大忌焉。

篮谋差之成，贞冲、合冲、世空、官失，为不就也。顶役之成，世空、应空、贞冲、合冲、官失，而不偕也。派而不利者，以役为害，是以问役轻重，官克世而役加，官持日月旺相，役必多、徭必苛也；休囚则少，空散则免也。破分动静，动有而静无也。随墓助伤，亦应大凶；得逢空破，反为得免。脱役除名，官克而不宥；官空破散，嫌释我无主；官临旺相，忌制我方强。故凡官不可克，不可极，不可没也。

注：极，谓极旺；没，谓失没。《补遗》云：官鬼克身难脱役，子孙持世易除名。

若求人助役，须应生世，如应空破散者无助。若觅人卸役，须世克应，如应空官克者无门。若讼官得理，克世非宜，如官空破散者无益。盖公以官，而私以应也。

注：私处求应生，公断戒官克，应空谁相怜，应克孰为力。

卜潜踪避役乎？鬼旺则役来，鬼克世则捕我矣。卜当役防患乎？官动官克则多累矣。唯卦静而子动，二占之吉也。

注：避役防患，皆喜子忌官。

大抵役而趋利好财官，役而免害恶鬼旺及动官克世。避役而喜失其鬼，谋役脱役而不喜失其鬼，用神无执一也。

注：谋役脱役，无鬼难为主焉。

合分章第七十一

人事分合，或以义合，或以势分。已分而欲合，向合而求分。主于自为，皆以世为用；主于为人，则以所主之人为用。旺相生扶则吉，破空散绝无成。以世为主者，忌助伤；以人为主者，忌命墓。此其大象也。

注：专务用旺。

是以为己而分合，则世为之主；为手足而分合，则弟兄为之主；为卑幼而分合，则子孙为之主；为臣妾而分合，则妻财为之主。以主象无伤，财福生旺，而为居家之吉。既分合而占所事之利钝，则各以用象占之，如居则同宅占，如业则同财占。大抵分事求胜，胜无忌动；合事欲和，和则戒变。

所以变于朱雀阴官，而言生中冓；变于玄武阳官，而隙开暗欺。故君子宜广其心也。

出纳章第七十二

出纳之交，兼参人己。我与人曰出，我受人曰纳；问彼弃亦为出，问彼受亦为纳也。是以我业当出，卦冲财坏而毋留；我屋当出，卦冲鬼动内坏而非我居；其货当出，卦冲财旺而及时。当纳而反是。

筮彼屋脱否，应实父完则脱；彼业与货脱否，应实财完则脱。

筮彼纳否，贞冲、应动、应坏则不纳也。欲纳其物而无祸者，类防讼也；欲纳其物而无争者，戒应克也。

注：随墓助伤、鬼动官克谓有祸，应克世谓有争。

欲脱其产而图更置者，世空父坏则不得也；欲脱其货而财不耗者，财实则不散也。筮送物求纳，六冲、应动、应坏则不纳也。财化退而不纳财货，子化退而不纳牲禽。若应克世者，空破则怒麾，静实则罄，收而不报也。

注：父母退不受书文，官鬼退不受图像，兄弟退不受双对物也。

大抵出利交重，不嫌用坏；纳利用变，卦喜静生。此出纳之分也。

取质章第七十三

注：内详劫质、存亡、还期诸问。

有质而取，何用揲筮？事在季世，物情难测，则卜吉而往。先审用爻，人以六亲，物随用象。凡舟车、房屋、服御之物多用父，凡土田、货贝、宝玩之具多用财，凡禽兽生动之类多用子孙。

平交取质，应克世而有攘心，贞合冲、世应空而无成事。官虚用坏，岂得全归？若驱掳劫质，又异平交。先考用象安危，后察官应生克。鬼兴而难脱虎穴，随助而或陷泥犁。故人物存亡，察用神而可见；来归时日，用生扶而有期。

大抵信质情兼交与，故忌克世；劫质势比蒙难，最喜官空。此其分也。

备物章第七十四

注：内详井灶、床、寿具、杂物、奉公、托人诸问。

器用之设，成家所需，而备物之大有三：一曰井，二曰灶，三曰床。此饮食居处所关，不可忽也。故筮之者，以爻位为用，以官鬼为灾，以三冲为不久。井之位曰初爻，以其穴地也；灶之位曰二爻，以其中馈也；床之位曰三爻，以其人事也。皆不可克世，谓其犯吾；皆不可受伤，谓其失利；皆不可依鬼，谓其生难；皆不可动官，谓其作祸也。井之开闭，灶之修作，床之安造，犯此而凶，值福而吉。

若置寿具占喜忌，宜用旺鬼安。占妨犯魇倒，忌鬼克鬼动、随墓助伤。如筮舟车，喜久喜利喜安，而忌卦冲财坏也。置锄犁网罟者，惟以利也，专之以财。占戏具者，备美用父，取利用财。置炮矢者，意在伤人，专之以世应。备物置用以物而推，衣饰多用父母，仪像则用官爻。奉公置造，官坏世空，及鬼克世者，不善其功；托人置造，应坏财虚，及应克世者，不得其用也。

营谋章第七十五

注：内附嘱托。

夫谋事在人，营求不一，皆物交物而成也。故六冲则不交，合而冲则将交而散。应空散，则彼心不附；世空散，则我意先慵。

唯世应破绝，犹得其半；官鬼失而谋无主，此五者之忌也。

注：破绝有形，空散无迹。

故自力可成，莫观其应；因人成事，莫观其世。止问成否，但忌空冲；兼问吉凶，并求用旺。谋文用父，谋利用财，释患用子。

注：占己谋不论应，占彼谋不论世。问成占谋，问吉凶占用。

筮嘱托者，随所用神，或用官，或用应，或用六亲，皆忌空，空则不力；皆忌破，破则无功；皆忌六冲克世，则疑阻生衅；随墓助鬼，则不利公廷。旺衰以分其力之大小，合冲以定其情之向背。化进则勇于事，化退则倦于行。五行六神以断其情性，然勿主吉凶也。

注：金坚直，木从容，水曲折，火燥烈，土诚信。龙和，虎勇，雀再三，武婉转，勾端实，蛇缠绵。此五行六神从生旺言也，空破反之。

盖凡谋事之来者，法以谋望而并求用神；谋事之去者，法以谋望而不求用神。求于己者世，求于人者应。有交忌冲，无交不忌冲。惟官鬼乃谋之主也，俱不可失焉。盖凡专问嘱托则重体，专问所谋则重用，问嘱托而兼求用神者，体用两全，事无不吉。然嘱托体病，虽用得位无成。故本占为得，不可贰也。

易冒　卷九

出行章第七十六

注：内详同行、成行、求事、利方、篮风、关隘、旅寓诸问。

不虞之备，君子所戒；行路之难，自我纪之。是故风波盗贼、疾病讼非之患，皆以官鬼为大忌。鬼爻安静，利四海之翱翔；官鬼交重，几半途之颠蹶。

武鬼发而忧盗贼，雀鬼发而备讼非，虎鬼动生疾病，蛇鬼动惊风波，勾陈鬼发而不可刻期，青龙鬼发而不可溺豫也。车马之祸者，鬼发乾震也；风波之患者，鬼发巽坎也。艮鬼防患于山间，坤鬼避凶于野外，离鬼戒心于市肆，兑鬼留意于庵祠。

水鬼不宜舟楫，木鬼不宜车舆，土鬼不宜步担，金不宜兵，火不宜爨。午驴，酉酒，木东，金西也。咸池为妇女之患，劫煞为谑骗之欺，耳目为音信之讹，天贼为窃偷之害也。凡动一鬼，主应一祸，所以出行无鬼，而言永臧也。

注：鬼动五行，则有五行之忌；鬼动支神，则有方属之凶。故午官为驴马之跌，木鬼为舟船之风。鬼动诸星，亦有是戒也，惟无鬼无虑尔。

于是而察用象。自篮世不可病，卜人用不可伤。空则诸谋无成，破则一身染疾。绝则愆期，散则他适。世墓者不出，化退者不行。静而冲者，被邀而游；动而合者，被绊而留。游魂多不定之游，归魂难越境之步也。

注：投墓、化退、静冲、动合，皆指世爻。游魂行远，归魂行近，或以心志言也。

世随官墓，则阻滞之事生；世持弟兄，则伴侣之朋至。世畜妻财而有赍粮，世会父母而有裹囊，世坐子孙而远近亨途。昔传明夷、节、艮、坎四卦为出行之戒，今列随墓助伤二象为伤外之忧，虽用强鬼静亦忌焉。

注：释六亲持世之义，并四卦二象，慎不可犯。

于是而筮同行之良者，以应为用，来克来冲，不可与同。且空散无顾我之情，破绝有悖谋之恶。同于亲属，则求用象。同而筮安，兟世索鬼。于是而筮我出成否，坏世不出，虚鬼不出，墓、退、归魂不出。筮同行之出成否，贞合冲则不偕，世应病则不偕，官鬼失则不偕。筮行时，则用为出行之身，动则逢生，静则逢冲，坏则逢补，其期可定也。

于是而筮求事者，亦察用爻。求事于科第，则考诸文书；求事于升迁，则考诸官鬼，而毋世空也；求事于寻访，考诸用爻；求事于货利，考诸财象。盖耑于事而不耑于出行也。

于是求事而筮方隅之利者，则察子孙当生旺之方；出行而筮趋避之时者，则避官鬼当日月之期。

于是而筮遇风，则察兄弟，克世则逆，生世则顺；实而大，强而狂，弱而小，虚而息也。夫日，天也。日生则天顺，兄克则风逆。筮有风不戒乎，则察鬼象，动有覆舟之祸，静无折帆之殃，而世爻生旺者无咎。

注：顺逆务于弟兄，而日参之。兄生日克，其风横顺；兄克日生，其风横逆。

于是而筮关隘，亦察鬼爻。应克世者，定多阻隔；官克世者，必犯羁征；子旺官空，游行如意。越境贩挟，皆同此占。

于是而筮旅寓之安，世坏疾生，鬼动寇至。世身生旺，即次之宁；龙福合扶，遭逢之庆。

行人章第七十七

注：内详旅约、途会、安危、存亡、利钝、音信诸问。

行者未还，卜筮偕至。亲用六亲，疏用应象。用爻无病而来归，用爻克世而速至。此其大象也。若用逢空破散绝，不特归期杳然，亦主行人灾病；若别见无伤之用，则从无伤断之。

注：用爻遇此四者，行人必阻；若他爻飞伏之间，别有用神得令，亦可言归。如戌建癸酉日占弟兄得夬，三爻兄弟月破，因有阻事，而未爻兄弟无病，后遇丁丑，冲动未爻，其弟乃还。又如子建庚寅日，妻占夫得困之兑，午官空破，应夫未还，然巳官伏寅下长生于日，独发是爻，是日乃至。故别有用爻在飞伏间，亦可取验。

故用逢暗动，而乡心发矣；用值交重，而舟车发矣；动临日月，是日月当返矣。动化退神，班马而不进；动化进神，望云而疾驰。静逢合有结伴之还，动逢合有攀辕之阻。冲化冲者，心改易于别途；游魂化游魂者，志徘徊于他国也。

如概筮归期，先求用象无伤。世克用而未来，用克世而速至。比和云缓，相生云迟。用虚以实至，破以补至，绝以生至，无以有至，衰以旺至也。

注：巳建己酉日，概占仆来何辰，得剥之旅，世生用不能即到，卯财发动，寅财旬空，后及甲寅日乃至，是空以实来也。辰建甲辰日占弟兄得大有，世生用主来迟，后应乙卯日到，乃静以冲来也。

辰建戊寅日占弟兄得困，用克世当速，然酉爻旬空，当应申酉日到，然而次日乙卯，冲实用神，是辰乃至。此又以生克辨迟速也。

用之动者，三合而来；用之暗兴，六合而返。用处静者，遇冲而旋；用之墓者，得开而晤也。地发，彼方就道；足发，当日乃还；门户动，此处逢迎也。动速静迟，古今之大义；冲疏合亲，卜筮之常理；游魂出，归魂入，卦爻之定象也。卦身合月合日，是欢迎之会；卦爻独发独静，亦突见之期。

注：凡得归象，先要用爻无病则验。不拘旅卜家卜，凡归人则准归魂，游人则准游魂。独发者，如坤之复，未日行人乃至；独静者，如巽之噬嗑，卯日行人乃至。若临用神，更为验占。

如限期而筮，或以年，或以月，或以旬，或以日。世克用而迟，世用相生而缓；世应比和、用克世而速也。限期之筮，神告尤亲。

注：限期而占，用神破空散绝则不至，世克用则不至。用神坚固，然后以克世为速；比和次之，半限可至；用生世则次之；世生用又次之，及限方来。

行旅之约，应坏而爽信也，惟不空不散、不破不绝，必如期而至。问迟速，则如行人之断焉。中途之会，六冲而不见也；应空不信，纵信而殊途；世空不待，纵待而背路。如卜日时来，以实应为法；见以实世为法，卦身合时为法。

注：以六冲世应空为戒。世应不病，则卦身合日相遇；世应病，则实世应之日相遇。

盖筮行者之来否，则以虚实言；行者之迟速，则以生克言；行者之安危，则以用象言，而官鬼为之眚也。随鬼反伏墓绝，旅人之凶兆也，各以用象定之。

水鬼动者，风浪惊心；金鬼发者，兵戈夺气。火为飞延之事，木为舟楫之累，土为步担之欺、济用之阻也。玄武，细人也；螣蛇，匪朋也；青龙，良伴也。白虎为灾，勾陈为阻，朱雀为非也。

用化鬼者，恐涉于非径；鬼化用者，恐陷于泥途。兑鬼咸池，乐酒色而忘返；坎官驿马，飘江海而难归。乾鬼惑于琳宫，巽官耽于逐利，离淹市井，震病舟舆，坤艮阻山野之象也。

若筮久客之存亡，专用而不专鬼也。用神存则存，用神亡则亡。存谓有本，亡谓无根。三忌果真，乃作他乡之鬼。

注：犯三忌则亡，一曰命墓，二曰反伏墓绝，三曰空破绝散是也。

筮行者在是地乎，求用爻之有也。动则他趋，空则别处。散犹空，冲犹动也。行者仕乎？官旺则仕，官空未仕也。行者娶乎？财现则娶，用病未婚也。行者得利乎？喜财神之旺也。行者他适乎？忌用象之囚也，受阻不他如，受病不更往。曾有遇乎？六冲不遂其求，用空不称其志也。

如筮音信，专察父爻。父病无书，旺动将至，受冲被拆，化空乃遗。并于朱雀则速，并于勾陈则迟，并于青龙则吉，并于白虎则凶。螣蛇为泛愕之词，玄武为幽秘之语。占彼寄书乎，先用而后父，用殆不书，父虚无信。书寄有财乎？先用而后财，用空无寄，财空无物也。信之有无，以空以动。书之到日，以合以生。

大凡行者之吉凶，疏以应象，亲以用象；行者之得失，得以用爻，求以妻爻。

舟车章第七十八

注：内详雇觅夫占及舟楫宜忌。

舟车致远，筮有戒心，故欲其有利，先求无患。凡舟车之误、灾疾之扰、盗贼之虞，莫不以鬼动为戒。助伤世病，不宜自身之适；

命墓用坏，岂利他人之行？

注：先忌鬼兴，次察用象。

木鬼交重，弗恃舟车之利；午官发动，无乐驴马之驰。跌也，折煞并之而兴；劫也，贼武因之而动；争也，朱雀与之而翔；惊也，螣蛇同之而张。惟官鬼安宁，用神旺相，则舟车骡马，所适而安。

注：释鬼动之义。纵鬼动青龙，恐致祸于旅舍；鬼动勾陈，恐遇阻于道途；鬼动白虎，恐受惊于兵革也。

故觅舟车，世空父坏则少；觅骡马，世空子坏则难。舟车完善欤？父坏而敝。骡马壮健欤？子旺而良。卜舟车之来载，应坏父破则无期；卜骡马之来迎，应动子兴而疾至。

注：舟车属父，骡马驴属子，应为舟子仆夫，旺良衰敝，静迟动速。

若舟子仆夫之筮，官差用官，私雇用应。最宜生世旺财，岂宜克身应陷？如筮水陆平安，亦唯凭官福动静。

注：关津留难，官差搔扰，盗贼窃发，均察鬼爻，衰静则无事。

大抵所乘之利钝，考父母与子孙；所历之安危，察用神与官鬼二者而已。

注：此官游作客，舟子仆夫，所同占也。

唯舟楫之用广，则加详焉。父母，船体也；兄弟，船之跳篙也；妻财，船之物用也；官鬼，船之魇倒也；子孙，船之辅从也。自初至上，船之段落也。世，船之主也；应，船之宰也；间，船之役也，皆不可并于鬼而动焉，亦不可从于鬼而化焉，犯则征凶。

注：此言六亲、六位、世应、间爻之象，并于鬼动，是何爻神，即为有忌；从于鬼化，是何象位，即为有灾。

火鬼有红光之患，水鬼有白浪之殃，金鬼触峻峋之石，病在钉锚。木鬼犯家堂之神，疾在蓬橹。土鬼搁壅浅之河，患在灰泥也。

注：此言五行临鬼发如此。

朱雀前神也，司之于头，有词讼则飞；玄武后神也，司之于尾，有盗贼则摆。风从虎，司之于帆，有灾祸而后动；云从龙，司之于舵，有喜庆而后扬。螣蛇绳索，报惊恐之灾祥；勾陈房仓，兆迟留之得失。

注：此言六神临鬼发如此。

附舟寄货，以应为用。克世则侵渔多费，六冲有半道之变，应坏无一力之倚，君子避之。

注：附舟类交与，忌应病克世。

是以买舟而居，犹占宅也。船主用人，犹雇倩也。役夫投船，犹事人也。投麾荫庇，犹公役也。防犯差役，犹避讼也。问何鬼神，犹求祟也。

注：各推其类而断。

考魇倒以官鬼当临之处，求趋避以官鬼当月之期，越江海慎坎艮之戒，而称利涉矣。

注：官鬼在六，其魇在头；官鬼在初，其魇在稍；官鬼在间，其魇在中。三四爻亦中仓也。官鬼当日，安以危戒；子孙当日，险以夷戒。唯艮坎二义，江海大凶。

治筑章第七十九

注：内详杂修及差委、雇工。

横流之害，古传所纪，故防河而治筑，同于防患，不泥水象，专察官爻。故鬼旺、鬼克、鬼动、随墓、助伤，筮水患，则未决当決，已决未息也；筮堤防，则未成难筑，已成当溃也。故堤岸之筮，父母为用，旺相则固，空破则倾。经始而何时成功，喜实世实父之期；刻期而筮是时成功，忌六冲世空父坏之象。此其概也。

若大官奉勅，小官奉命，吏民奉差，官爻不可病，并冲克世位。若官吏因河工而筮利钝，则反以官为重，官旺世实则纪录升荐。官伤世空及随墓助伤则罪戾降责。若民夫苦役而筮吉凶，则以官为忌。旺动克世，劳苦无期；命墓助伤，忧虞不测。

故凡修塘、修坪、修闸、修圩，及治路、治水、兴营城堡者，皆以父为用爻，世实父旺面成。如忧妨犯，及苦徭役者，皆以鬼为忌象，旺动克世，及随助而凶。凡筮差委雇工，皆以应为用，应旺实则有成，克世则无良，六冲则难成也。

捕逃章第八十

注：内详遁地、成捕、人诱、同游、不遗、讼逃、许觅、责人、丧节、反噬、私害、将逃、逃安、存亡、为僧、求名、自归、恩抚十八问。

女子小人，古称难养，若其盗逃，同于叛主，法所难宽也。捕逃之占，唯世克应则易获，应空则深涧之逃，应克世则负隅之逝，六冲则交臂而失，世空则裹足不前。此四者，未知能获也。

注：六冲、世空、应空，及应克世，四者如一不犯，则可擒矣。

逃人悖内而向外也，故以外卦为所逃之方。坎水为外，则在北方，或江河之侧、渔父之家、盗贼之林；离火在外，则在南方，或炉治之傍、市肆之中，文学艺术之舆。震于树木、舟船、车舆、砍伐之属，巽于花园、薪草、桑麻、妇女之类。艮是山岳、岩石樵猎之所依，兑以池沼、庵尼酒食之所赖、乾为寺庙、都下、城垣之近，驴马驱驰；坤为社稷、坟墓、郊野、田园之迩，耕牧追随也。

注：此言八卦居外之象。言之所传者浅，象之所示者深，然因其象而测之，亦难执一也。如子建辛丑日，有占婢逃得节，外坎宜匿水侧酒家，而不知已堕于井。如巳建甲辰日，卜子亡得泰，外坤宜藏寡妇之室，而不知相遇于岳家。夫井，水也，岳家，亦外姻也，其可实指乎？然亦不离其象尔。学易者，当以己之灵机，而深研极索也。

盖六爻静而求外卦，一爻动而求独发，言逃人之心，成谋于是也。故官鬼动而投士宦，子孙动而投僧道。妻财动而投妇女，或佣于商贾；兄弟动而党间游，或逐行伍；父母动而栖技艺，或附舟车。青龙，迹于良善书礼喜庆之家；朱雀，践于优伶字画闹谊之次；螣蛇，乐于赌博浮荡跳梁之场；白虎，匿于屠宰哀丧行伍之内；玄武，迷于盗贼酒食花柳之门；勾陈，藏于乡庄坟墓之间，及修砌穿凿之群，而进退傍徨、淹留恐惧。卜捕叛，则触公差也。

注：此以独发之爻为方，临于六亲、六神之象如此。盖玄武之神，利逃不利捕，勾陈之将，利捕不利逃，故曰触见公差。

盖乱动而求用爻之在何宫，杂用而求用爻之在何卦，用伏而求飞，用二而求亲，伏无而求应也。

注：自占，外卦以下皆陈逃人之方。设如卦爻乱动，当求用爻居于何宫，在乾以乾断，在坤以坤断。若用神杂于爻神乱动，当求用神化入何宫，化坎以坎断，化离以离断也。苟或乱动而卦爻无用神，当求所伏用爻之上飞神之方是也。倘或伏无用爻，然后以应象占其所居之宫，在震巽则以震巽断，在艮兑则以艮兑断是也。其有用爻两现，一用动则以其所化之宫，两用皆动皆静，

则以其出现为亲、伏藏为疏也。偶皆伏藏，则以外卦之用占方，庶几乎得有归一之法。

世亡应逃，内亡外逃，盖不可主而可兼也。亲人之逃，专之于用；他人之逃，专之于应。故父子、兄弟、夫妇、男女以亲合，虽悖亲而务用；友朋、师徒、奴仆、邻交以义合，已背义而务应，不可惑也。

注：传云：“世为亡兮应为失，外为逃失内为亡。”所以宜世克应、内克外也。然亦非主断，如世克应而应空，其何从而得获也？常占主仆之讼，用世应而验，则友朋以下，用应可推。

间有遇诸于途者，六冲是也；间有不意而擒者，六合是也；间有自还者，归魂是也；间有去久而来者，化合是也；间有来而复去者，化冲是也。游而归者心收，归而游者志荡。然亦必其用神不克世、不空亡，而后可也。

注：用实生世，终有会期；用爻克世，卒无见日。

卜遁此地，专索用爻。用如动冲，则非留于是处；用若空破，则未及于是方，弗往求之。占成捕何时，世生应克之期。若六亲之逃而归，则反以用神生旺而现，世爻旺合而见，卦身合而遇也。盖我仇用败，我亲用旺，不同论也。

注：为仇恶于己，则俟彼败之时而可获，故喜应克；为亲于我，则求用神生旺，与世身相合而来也。

是人诱与？应克世而被诱也。彼同游与？应用备而比行也。

注：即应克世，而空破散绝亦非，应用一病亦非。如卯建丙辰日占仆与友同行，得否，卯财持世，戌应暗兴，后果同行都下。

盗逃不遗，财爻失所而不可复有也。讼逃有益，官鬼莫无。盖空散不为我而遴求，破绝不终事而停息。随墓助伤及官克世者，犹抱薪而救火也。非是，然后以捕逃之法断焉。

注：详见词讼篇内，关犯章断。

许为我觅，则以应象虚实言之。若责人觅逃，则用捕逃之法。

注：责成是人寻还逃者，戒世应空、应克世，及六冲也。

妇逃丧节与？财实未苟也。不群匪党而反噬与？随墓助伤、官克鬼动，后必罹其害也。不生戕害与？助鬼伤身，及应克世者，卒有犯上弑长之逆也。未逃而筮其将逃与？用克世而萌叛心，用空破而无实事。

注：专问其将逃，忌用实克世则逃，用空破不成。若兼问挽留为益，又喜用实。

亲人逃而安乎？命墓鬼动，有穷途日墓之忧；用实卦安，有即次无虞之好。卜其存亡，独以用神生坏而断也。为僧道乎？用病而无成。求名利乎？用实而有得。不寻自归者，用坏而忘归，用克世而终身之叛也。逃归复留，同于收雇；回心恩抚，同于用人。

注：用爻克世，叛恨不归；用象破空，飘流难返。惟用实生世，终得自来。复留恩抚，忌三冲财坏。

故捕逃者，以世克应为主，以世生应克之期而得；捕盗者，以子克官为法，以子孙当日月之期而获。盖逃以应为象，盗以鬼为象，此其辨也。

斗胜章第八十一

注：内详斗讼、斗获、夺人、擒人、来斗诸问。

私斗角胜，善良所戒，或不得已而应之。彼我之势，止凭世应，不从六亲。

注：世己应人，胜负察世应强弱而已。事至讼斗，骨肉如仇雠，即六亲皆用世应。

应克世而逢败，彼胜而折；世克应而逢败，我胜而亏。应生世而人伏，世生应而己降，比和两释，出师一理。

注：败，谓空破散绝，及受日月克制。

斗而涉讼乎？鬼爻是司。斗而有获乎？财爻以辩。斗以夺人，应克难归。斗以擒人，用现可得。筮彼来斗乎？应空应破而不前。占何日利斗乎？世生应克而得胜。应发五而要于路，应发三而斗于门。

注：应动何爻，则从此地相击。初为乡党，六为郊野，二为庭内，四为户外也。

动坎而斗于泽畔，动离而斗于市井。乾兑寺庙，坤艮山野，震巽林木之下。玄武暗刺，朱雀明诤。青龙笑刀之谋，白虎怒戈之取。勾结其怨，蛇连其党。子孙有少助，父母有老随。兄以群队，财以妇女，鬼以法术之诈。兵者，不得已而用，况于乡邻之斗乎？筮者慎之。

词讼章第八十二

注：内详审期、终讼、兴词、忧讼、讼师、用人、允驳、回关、遏讼、请卷、夤缘、禁责、离狱、息讼、杂问五事、官问二事。

人有窒于中，因忿而讼，讼则受命于上，故以官爻生克为胜负，不以世应强弱分曲折焉。官来生世，易雪我冤；鬼来克世，难伸我屈；不生不克，无辱无荣。然我讼而喜官旺相，忌值破空；彼讼而好鬼破空，恶居旺相。亦以生克参之也。

注：胜负专察官爻，莫执世应。结讼分彼己，则官爻分喜忌，然生世衰旺俱吉，克世衰旺俱凶。

先发者，不忧官之在世，而喜官之在应；后发者，不喜官之在应，而忧官之在世。相生尤吉，相克愈凶。此世应之辨生克也。

注：以世应生克分胜负者，此则论之。如世爻值鬼，本不为胜，若克应爻，是官为我而责彼乃吉；应爻坐鬼，理应我赢，倘克世位，是官悦彼而攘己乃凶。总言生克，先官鬼而后世应也。

官鬼生应，彼得理也；官鬼克应，彼失利也；官鬼空散，讼不成也；官鬼破绝，词不终也；官生世应，两宥之宽；官克世应，两败之辱也。

注：既论官爻生世克世，此言生应克应，胜负明矣。

鬼位三传，事干台宪；官兴二间，情属牵连。长生为经年之讼，帝旺乃折狱之期。动鬼变鬼，而权案更三；上官下官，而衙门非一。摇于世应，而忿志未休；伏于主宾，而讼根不息。化进神者，下而上，小而大也；化退神者，急而缓，重而轻也。

注：此章专言官鬼。若官在年月日之上，其讼或干三法及上司；官在间爻发动，恐囚牵连，或傍观相累。官爻倘遇日月长生，则事必经年屡月；临官帝旺，即得三尺剖断；旬空月破，则终两姓交和。鬼动化鬼，非一官审问；官复见官，是叠举讼词。官动应爻，彼有再控之心；官动世爻，我有重告之志。鬼伏世应动爻生扶之下，则讼根未断。惟灭没之伏，则无兴也。

大壮为得理，明夷为禁，坎为狱，无问生克，占讼之忌也。六冲曰战斗，得官空而冰释；六合曰处和，见官旺而株牵也。

注：三卦为讼宜忌。官空六冲，反易散息；官旺六合，反难调停。盖先官鬼而后冲合也，即合冲变冲同义。

随官入墓，为囹圄桎梏之刑；助鬼伤身，乃罪罚鞭笞之辱。二者与官鬼克世，凡有干于公门之役者皆忌也。

注：不特词讼，凡事干衙门官长，悉忌此三者。

骨肉忿争，主仆构逆，六亲之谊已绝，故从应不从亲。然既讼于官，亦先论官而后论应。

注：有云内肉相讼，止占世应，然既讼于官，则胜负又系于官，不系于应。

夫子孙为解释之神，喜其持世，则刑罚何加，罗网自脱。当于交重，罪罚蠲除，当于日月，冤情昭雪，孰比其吉焉。父母为词状关提之用，不可坏，坏则不从；不可再，再则不一；不可破，破则无始；不可空，空则无终。我举宜动，彼举宜静。妻财为贿赂之神，喜其持世，则情夺理而居胜，惟动有行贿之费。弟兄为党证干连之象，独发而多费，间发而多人，持世则干众，动应则鼓谋，克世则有私击之虞，傍摇有公举之论，。是象一无益于讼，不现仍伤。

独官鬼为狱讼之用神也，是非曲直与夺胜负总司之，小大之狱，皆生吉而克凶，不可忽也。是故六神，因官生克而别喜怒，诸星亦因官生克而辨吉凶，皆不可离于是矣。

注：此言六亲之象，各有所司，大抵子财持世而吉，官鬼独重。凡六神诸星，非以动为凶也，若临官鬼发动，然后形其凶吉。其来生世，虽凶弗凶，如白虎螣蛇、天牛地狱皆不为忌；其来克世，则朱雀为申详，勾陈为囹圄，白虎为杖责，腾蛇为枷锁，青龙为罚赎之善，玄武为详判之重，天狱为囹圄之厄，驿马为流徒之愆，羊刃为刺配之属。

是故世应察彼己之情，亦不可寘而弗论也。应空彼不欲诤，或将遁也；世空我不好竞，或怀怯也。官克应而应空，如荷弓而射鱼；官生世而世空，如操笱而搏狸。应破彼有天殃之降；世破，我忧人疾之缠。求衰旺则强弱可称，考生克则刚柔可较。其为用如此，此其大象也。

注：官克应当应彼输，然应空彼避其锋；官生世当应我赢，然世空我失其机。应若月破，彼必有他祸相报；世如月破，我有别事之累。旺为强，衰为弱，以力言之。应克世为彼刚，世生应为我柔，惟世克应、应生世者反之。所谓世应为用如此。

何日断狱？当于日月之官。何时终讼？当于墓绝之鬼。别胜何日？则以世生应克为良。释免何时？则以子孙填值为宥。

注：以官长生为讼始，临官帝旺为审决，死墓绝为散讼时也。凡问见官何日为胜，则以世爻逢生、应爻遇克为胜，世爻遇克、应爻逢生为不胜。欲官释免，则以子孙填值之日、官鬼制伏之辰，定能赦宥。

有问兴词胜负吉凶，亦属于官。兴词准行，喜官动实而恶其破空也。官克世者，控告无门；父爻空破，批行失意。忧讼来侵，占同防戒，惟官不作及不克世，弗遇随助，何患相加？纵应克世，有谋亦已也。

注：问准词，官爻空破散绝，及克世不准。执行不论文书，若上告批下衙门，父母如遇空破，虽官鬼动实，纵准而不批是衙门也。如告亲提，官克世为不从，或有两官，常有批下僚者。

讼师美恶，询诸父母。日月旺相，善移生死之文；发动生扶，能转是非之笔。若值破空，安能取胜？随助官克，乃以自戕。干证保勘，趋使抱告，皆以应爻为用。克世为忌，破绝不忠，空散不力，六冲生背叛之心，而随助官伤，反为我害。

注：讼师用文书，奔走用应。应视其有用，故不可破空；无

欺为良，故不可克世；一心为美，故不可六冲；用于公所取胜，故不可随墓助伤官克世尔。

招详允乎？官病不允，官动不纳，六冲上下不信，乌能允乎！招详能驳乎？官克世而不从驳，破绝则已，空散则消，乌能驳乎！惟官动实，则驳矣。复部允驳，亦犹是也；复疏允驳，易官用五也。

注：此就筮者之意为断，复疏则以五爻为用，如上占法。

住提、回关、停词、遏讼，喜官之无，而恶官之有也。鬼发则不能停遏，鬼克则不能住回。惟子动而鬼静，则受无事之福矣。鼠牙复举，衹缘助鬼伤身；株蔓重牵，端恶随官入墓。不可不戒也。

注：大抵以官鬼安静破空为吉，发动克世为凶。

请卷者，文书为用也。上下请提，破绝不允请，空散不从提，制爻克世，提请俱违。

注：请提文卷，皆系父母，考其虚实以定吉凶。复以官爻不克世，及无破空，方得顺尔请提。

夤缘嘱托，意在听从。六冲则逆其意，而或见嗔；官克则逆其耳，而或有欲。若空若破，无力无功；如旺如生，有情有意。如托私人，应不可坏，不可六冲，克世有损无成。若问官倩，亦同前断。

注：问官从否看官象，问人可托看应象，俱忌克世六冲。

忧禁忧责，官旺动而克世为难免。离狱息讼，皆忌官爻克世。息讼官不可动，离狱官不可无。求六亲离狱，则兼用无伤。

注：离狱鬼坏鬼空，亦不能出。求六亲，兼看六亲生旺则出。

远关人犯，事系于官，而亦兼捕逃也。

注：关犯若官克鬼坏，为彼地官吏不我用情；六冲、世应空及应克世，其犯难捕，皆不能来。

申讼夺婚，亦系于官，而兼防夺婚也。

注：索婚官克鬼坏，公论不允，应克世为彼夺去，财坏不能归来，俱莫能成就。

以讼取财，仗官为力，而兼用索逋也。

注：取财官克鬼坏，官不相为也，即为矣，若财坏亦难求。

力绵扳役，仗官为力，而兼用彼助也。

注：扳役官克鬼坏，官不听也。即听矣，若应克世及应空财坏，则亦莫能助我。

昭雪复名，仗官为力，而兼用我得也。所以用爻相兼为法者，有是五也。

注：复缺，官克鬼克，官不从也。即从矣，如遇世空则莫亦能复。

大罪不死，在用神之旺相；大害不绝，在主象之生扶。若行险陷人，鬼神所怒，虽鬼静爻安，当直告其凶。

注：或有既定重罪，占其生死，刑定不复论官，专看用神，有救无事。六亲困狱，防有欲害者，若主象生扶，大数未尽，奚能害哉！或占行险陷人，以官鬼发动克世为戒，倘有卜者，当直言其凶，虽得鬼静，或天夺其鉴，而故益其疾，必致大祸，占者宁不戒之？

居官缘事，占官占讼二分；在宦忧议，部覆部议一理。申诉里甲，私评用应，涉讼用官也。

注：凡有当仕心怀事累，占法有二：一曰无累官乎，则官旺世实为吉；一曰不累我乎，则官克鬼动为凶。或占有事及部，

问曰部议重轻，则官克鬼动为忌；问曰部议与官无害，则以官旺世实为喜，复疏亦然。斯二者常或相背，当详其问神之旨，祝云为官，祝云为累，其吉凶乃定矣。申里甲，一谓其公处，故应克世有曲，应坏无断，六冲不终；一谓其成讼，故官克鬼动，定干有司。二者亦随其占而断也。

大凡讼内之用爻，莫离于官鬼。官鬼之取舍，则因事而求之。是故行喜动，止喜静，避喜空，解喜衰，息喜绝也。求为我力，则不可无；忧为我难，则不可有。事事恶其伤己，一一好其生世。以像形事，以事配义，吉凶得矣。然健讼破家，不可长也，《易》曰“不永所事”，圣人之戒深矣！

注：词讼同用官爻，而有喜忌之分，明于事义，而吉凶不爽矣。然三褫其服，众讼成师，不祥之气，由此而长也，占者戒之。

失物章第八十三

注：内详覆露、见获、是彼是我、起赃、讼盗诸问。

失物之占，各以用象。货物用财，禽兽用子，舟车衣服用父母，仪像用官鬼，此用象当分也。

注：失物各以用爻像之，或衣服匿珍宝于中，则用财不用父。又当以轻重权之。余以类推。

篮盗者，则察鬼象。伏鬼为隐贼，动鬼为明贼，阳男阴女，内为内而外为外也。暗动暗入而明出，旺多衰少，完巧而缺拙也。内外鬼而连结，贞悔鬼而交通。

注：贞悔，指世应也。凡遇世应内外之鬼，有连结交通之谋。

以五行之属，而度其情形。

注：金鬼乃穿凿添挢而入，木鬼乃锄挖钻缩而进，火鬼乃飞腾跳跃而来，水鬼乃隐伏暗昧而至，土鬼乃杂酒筵匿池塘而偷也。

以八宫之鬼，而别其方隅。

注：动于何宫，则以何方来也，暗动亦然。如鬼爻安静，则水鬼为北，火鬼为南，两鬼论外，伏鬼论飞方也。鬼生之方，则窝赃之处；财伏何地，是藏物之所。

以六神之司，而别其状貌。

注：青龙为少俊，白虎为狂勇，朱雀为巧辨之夫，玄武为计谋之贼，勾陈似端笃而不良，滕蛇竟虚浮而不实，踪迹莫可测也。

何时覆露？鬼爻败绝之期。何日见获？财爻生旺之辰也。物匿何处？审其方也。用伏而察飞爻，用飞而察亲宫，用悔而察贞爻，用二而察主爻也。

注：财伏论飞神之方，财现论本宫之方，变财论动爻之方，两财论世爻、卦身、世身、内卦为主爻。飞伏变象无财，是无踪也，何复方其方哉。

分其所也，用在初爻地与井，用在上爻坟与野，二索于灶，三索于房，四索于门，五索于道，在应索闺阁之中，在世索近身之器。在内索内，在外索外也。

注：财爻出现安静，然后以世应内外及六爻考之。

化父变父，及飞是父者，当觅以箧柜；是财者，当觅以货物；是兄者，当觅以墙垣；是鬼者，当觅以香火；是子者，当觅以廊厢庵寺之所也。

注：此必以用伏之飞、用化之爻、化用之象则论，其他则否也。

是彼盗与？应克世而是盗。是我遗与？世受衰败而自遗也。

注：应不克世，非此人也；世不受损，非干我误也。

起赃擒盗，子旺有制，鬼动为凶，助伤官克随墓，则贼横而反噬也。讼官索物，务用其鬼，生世而理，官病财空官克世，则徒劳而自辱也。大易慢藏有戒，击柝致严，君子贵先事而慎也。

注：擒盗喜子旺克鬼，讼盗喜官实财旺，反是而凶。

易冒　卷十

神听章第八十四

注：内详彼报、彼诅、誓神、防蛊诸问。

怨毒于人甚矣，不能伸于人，而求伸于神，亦人情之常也。鬼神之告，专用官爻。

官克应者，将行罚恶之诛；官克世者，不受不臣之诉。随官入墓，戢火反焚；助鬼伤身，倒戈自灭。是以神聪不我聪，为空散故；神明不我明，为破绝故。非神听之或违，多肤诉之不实。

报之速者，六九也；报之迟者，七八也。报之暗者，冲击也；报之轻者，休囚也。应受月破，天将亡之；应受旬空，神夺其魄；应受散绝，恶贯之盈；应随鬼墓，天网之密。

注：应克破受其罚，鬼临生旺是其期。

筮彼咒诅，犹避祸之占也。鬼动神怒，官克害成；随墓助伤，而天亡我。惟子孙旺而官鬼衰，则直在我，而神鉴之。

筮誓庙，鬼静乃安，官动克世、随墓助伤，定受背盟之罚。筮防蛊，子世无忧；官动世病、随墓助伤，应遭埋蛊之毒。鬼祸奸人，神无曲庇，筮者审之。

侍神章第八十五

注：内详停厝、举殡、奉神、撤像、辨塚、辨骸六问。

侍神者，谓安神于家，奉先于庙，以安神灵，而庇人宅。奉而安，犹人事之宁休；奉而感应，犹人事之遂求。

故侍神之筮，大忌三冲鬼动，主神不安；亦嫌克世，主人不宁。空则无降格之诚，破则有怨恫之虑，散绝则精爽难凭，随墓助伤，则灾害并至。

故鬼爻既安，而后征祥。福兴而人丁盛，财旺而积贮饶，临禄贵而有官爵之庆。

鬼爻不安，即以致戾。白虎动而病丧，螣蛇动而惊扰，雀武动而有讼盗之虞也。

世空缺我躬之礼，应空疏人事之虔。内外官，而有人已之圣像；变伏鬼，而有新旧之神仪，游魂自此迁彼，归魂自彼迁此也。

犹有六爻克鬼，仆役慢神；鬼生二爻，神祐妾妇也。欲其神之神者，莫神于克诚；欲其先之安者，莫安于克孝。

推之停棺厝柩，必求其亡魄之安，亦以官鬼为用。是以卦象三冲，则死者不宁，而生者不福。鬼动，亡魄摇而人心荡；克世，福机息而祸兆萌。空则先灵不欲，破则先灵不悦，散则先灵不集于是也。惟卦合官静，始为尽善；若随墓助伤，乃为大凶。

举殡何如？不戒冲也。惟以亡灵之悦，故弗宜克世鬼动；年命顺利，故弗宜随墓助伤。故鬼病，虽财神福神动而不吉；鬼安，虽父兄忌象动而不凶也。故未奉而筮当奉，已奉而筮当撤，亦犹是也。

注：举殡出宅，是离其亲，故冲不戒。出而安，父兄动不凶；出而不安，财福动不吉。

若迷而筮塚墓骸骨之真伪者，则以六亲之用爻辨，不以官鬼辨也。

师巫章第八十六

注：内详神降、卜祟、卜鬼、求福诸问。

凡延高僧忏诵道术禳灾，下至巫祝之用，所占无指，则用子象；所占有指，皆察应爻。空破散绝，则浮伪难亲；生扶安旺，则真诚可仗。进勤而退怠，动则心多往来。故应临父母则道高，临子孙则德备，临财而具威仪，临官而格鬼神，临兄弟而左右助法。临龙善而虎恶，勾重而蛇轻，雀辨而武讷。上卦为高，下卦为卑。喜其庇身，岂宜克也。

卜曰：神明降乎？鬼空则不降，鬼破则不喜，鬼散则不留，鬼动则鉴，鬼克则罚，随墓助伤则祸也。惟鬼静为善。卜其为祟乎？鬼动则是。卜其是是鬼乎？空破散绝则非。求神邀福，子象旺而福来；求神祐病，用爻旺而病去。祈寿祈名，祈财祈子，各以用爻而推。

夫卜道行之真，系于应象；察鬼神之应，系于官爻。淫祀谄神，有道所戒，况妖巫鬼史，妄言祸福哉？君子慎之。

机兆章第八十七

注：内详何怪、驱置、怪息、有妖、是怪五问。

祸福之来，机必先兆，或征于梦寐，或见于物变。筮之者，莫不以子孙为福，官鬼为祸。然吉凶悔吝生乎动，鬼动而祸随。若空散则非真，破绝则无害。若动，虽破亦凶；若随助，虽静亦凶。若旺相犹动，若克世犹动，而终不及动也。

注：以随助、鬼动为首戒，鬼克鬼旺次之，而鬼遇空散绝，或怪或梦，皆不成凶也。

然则动其凶乎？主何应也？青龙为哀乐之计，朱雀为词讼之牵，白虎为丁口之丧，玄武为盗贼之警，勾陈为土田之祸、坟墓之干，螣蛇为连累之殃、惊忧之恐。木因树艺而机灾，金缘刀斧而生疾，火有焚烧之难，水为波浪之沉，土有瘟疫之眚也。以八宫而分所避之方，以诸星而分所趋之事。

注：乾兑不可以西行，震巽不可以东去，坎离蒙水火之厄，坤艮招产业之非也。驿马不可以途行，咸池不可以女色。天喜戒游婚娶之家，丧门忌投缟素之室。天狱鬼动，猝防刑狱之殃；地贼官兴，忽犯穿窬之盗。浴盆忧损婴儿，丧车虑妨骨肉也。其他类推。

以六亲而分所属之迍，是以化父母，而堂上少康，变妻财而闺中多故，入子孙而丁幼疮痍，之兄弟而门穑琐括，化官鬼而灾祸相乘也。持世，祸由己召；临应，患自人招。游魂不可出，归魂不可入。内为内祸，外为外殃。

注：八宫诸星六亲由鬼动而言。

其应祥也，父母贵人动，主进文章；子孙青龙动，主进金帛；

妻财天喜动，主进臣妾；兄弟六合动，主得良朋也。

注：若鬼爻静休，遇有此动，始征其祥。

独占何怪，则用鬼爻，阳为物怪，阴为鬼怪。鬼生何方？从斯现也。鬼属何支，从斯象也。鬼属何神？从斯物也。鬼化化鬼，从斯类也，而吉凶不属焉。

注：凡问是何怪，此则不占怪爻，当占鬼象。若鬼属阳，于象有形为物怪，乃精妖也；若鬼属阴，于象无形为鬼怪，乃障孽也。如金鬼长生在巳，或起东南，或从土出。木鬼或出没自水，水鬼或搬弄其金。火鬼其怪属火，或常显红光；土鬼其怪属土，或常飞沙石。鬼居龙蛇，常如龙蛇变化；鬼居朱雀，空虚若有声。鬼居勾陈，墙垣若有人；白虎血光，玄武秽气也。父母化鬼，先灵不安；鬼化父母，樑栋不吉。子孙变化，儿童之鬼、禽兽之精；妻财变化，臣妾之亡、宝藏之祟。兄弟为壁堵匿妖，官鬼为香火怀怒也。其吉凶弗系于此。

驱之何如？官动鬼旺克世，不可驱也。置之何如？鬼静无克，置之可也。何时怪息？鬼墓绝之期也。此室有妖乎、有鬼乎？鬼虚则无，鬼实则有，随墓助伤则害人，官动鬼克则暴厉也。筮是妖是鬼，亦同此占。

注：所占不一，皆以鬼辨。

吾闻月明星晦，邪不胜正，占者正心修德，而妖孽自消矣，何惑于怪与梦哉。

戒防章第八十八

注：内详防讼、防火、防盗、防疫、防毒诸问。

吾闻祸福相倚伏者也，先机之戒，君子所慎。故应为人也，鬼为害也。应克鬼克，殃必作焉；随墓助伤，祸之大者。惟子动而有排难之人，世空而无受祸之地。察其虚实而定之。

注：以鬼为害，动则害作，旺大衰小。如应克世，及官克世，本为害将切我，若得破空绝散，谓之无实害也，故曰虚实而定。

忧害而有指，则兼应爻；忧害而无指，则专鬼象。出往而忧害，鬼应克世，皆不可往也。

注：无所指，则不必论应爻。私行苟免，而鬼应俱不可克世也。

概言防害，以鬼为端。以言语音信而产祸者，朱雀之鬼发也；以婚姻淫乐而兆殃者，青龙之鬼发也。勾陈为工巧之由，螣蛇为虚诬之害，玄武为真盗之谋，白虎为假命之连也。木鬼者，戒入深木；地鬼者，防立岩墙。金毋往来于行伍，火毋行坐于窑圹，水毋跳跃于舟船也。坎为水难，毋执弓轮；离为火灾，毋食蟹鳖。震有舟车之寇，巽有妇女之奸。乾兑为僧室庵堂，或重宝美酒而淫心；坤艮为郊野山林，或以老妪妖童而惑意也。

注：此专言鬼临六神、五行、八宫如此。

若夫防讼之占，专务官鬼。或云应克世而有讼心，如官爻空，而无主讼也。鬼克谓之讼侵，鬼动谓之讼起。

注：应克世为挟怨怀仇，若官不克世，鬼爻安静，亦无讼也。

防火防盗，皆为人之害也。子动则吉，鬼动则凶，然亦必以官鬼为先务也。暗动者，火非天灾，而盗非大寇。动而冲者安，破而动者凶。鬼动而克世者，有焦烂网罗之厄也。始自何方，八卦求之；发于何时，生旺考之；息于何时，墓绝司之。

注：坎北离南，震东兑西之谓。如火鬼，寅午戌月为生旺；如水鬼，辰巳月为墓绝。

夫忧灾疫之流，世旺鬼安，天灾不及；忧药毒之虑，世实鬼静，则彼计难行。

注：若占人毒我虚实，则忌应克世、官克世、随墓助伤，则彼欲密谋也。

潜避章第八十九

注：内详避地、兵侵、兵来、避荒讼、避人害、兵害、谋害诸问。

明哲保身，贤者避地，况涉末流，可不审处。大抵福神得位，则随地桃源；鬼象繁兴，则弥天荆棘。随官入墓，仰干城而罹兔罝；助鬼伤身，轻同舟而逢敌国。鬼空鬼散，王道荡平；鬼破鬼休，天心厌乱。故鬼旺而能静，虽崑火已逼，而玉石能全。唯鬼破而动，谓虎煞相随，而豺狼当道。此大象也。

注：唯大白虎与月破同位，盖官鬼为兵，白虎为煞，故虽月破更兆其凶。

筮何方趋避，专忌鬼方，喜临子地。筮是地避兵，唯以鬼静为良，尤忌世爻化鬼。

注：忌鬼方，喜子地，如巳午子孙宜南方、申酉官忌西也。世化鬼爻，此地将来恐生不测。若所化之鬼，得空破散绝无事。若卦中无鬼，最为宁静。

兵来侵乎？无鬼元侵，鬼静无害。或随墓，或助伤，或发动克世，如火之燎原，当求早避。若旺相安静，震邻之恐；随助空散，履危而安。兵由是来乎？无鬼无兵，旺多衰少。破或分行，散来复去。动来则速，暗动悄行。

注：当审其虚实动静生克而断之，盖吉内有凶，凶内有吉，凡筮皆然也。

如因荒而避，则察财爻。避荒投熟，以财旺则可安生，不以官鬼言也。如因讼而避，因盗而避，因罗网而避，因计陷而避，皆以鬼为祸，而子为福也。空与静，正离涂炭之危；动而克，反入虎狼之穴。世空我无受祸之地，子发天有降祐之方。唯助伤随墓者，则莫逃于数也。

注：鬼忌克世，子喜持世，鬼宜静，子宜动。

避居此地，有人害否？应克世而起谋心，助伤身而陷不测。鬼动而犯群凶，福摇而多善侣。避从是路，有人害否，亦同此占。

注：二者卦静福兴，所履而安。

有问兵之为何害也，鬼克以属、鬼动以化而言之。盖变父母而毁房屋，变子孙而掳子弟，变妻财而淫妇女，变官鬼而召群凶，变兄弟而斥财货也。火鬼焚烧，水鬼淹溺。金鬼恣杀戮之惨，木鬼扰桑麻之务，土鬼屯山岳之毒。

注：以鬼居五行之属，化六亲之分而推之。

有问人之生何谋也，以应察其情，以鬼察其害焉。青龙为舟敌之险，朱雀为文巧之辞，白虎以武勇而怯人，玄武以淫邪而诱己，螣蛇以邀结，勾陈以牵累也。鬼内内害，鬼外外害。乾鬼以僧害，坎鬼以盗害，兑鬼以酒害，震鬼以杖害，离鬼以火害，艮狗巽鸡，坤将妪为害也。

注：应得彼情，鬼察我害。以六神临应察其奸，以八卦动鬼见其害。鬼居六爻为郊野害，五爻为道路害，三四为门户害，初二为邻里害。

道业章第九十

注：内详择师、传法、主持、纲纪、募缘、法会、斋戒七问。

孔孟之道，以五伦为体，以经世为用。困亨夷险，有各尽之道，何以筮为？若弃家入道，拔俗修真，爱网难除，至人难遇，自是大丈夫事，岂同流俗人之筮？然道有道缘，业有业障，亦常于筮而得之。

注：割爱离尘，一念万年，何用筮耶？然所处安危，择师邪正，亦赖圣贤告我。

何名道缘？福神是也。何名业缘？鬼爻是也。故子孙持世而道成，官鬼交重而障重。而世不可病也，病于破，多疾多灾，修落傍门；病于散绝，自暴自弃，心慵半路。随墓助伤，则身陷泥犁之地。世生世旺，则心开日月之光。此其大象也。

注：专忌鬼动，及世爻破、散、绝为三戒，世动亦主不宁。

然世空有喜恶之辨也，三冲有宜忌之分也。出家而三冲世空，为超然物外，如孤鹤横空；求道而三冲世空，为尘务撄心，如困鱼失水。

注：卜出世，三冲谓解网，世空谓无挂碍。若卜入道，则空无成也。

何年道成？世临日月之期。何地法隆？世临生合之地。乱动非清修之象，游魂无戒定之心。

注：道业成身，专凭世位，世病、乱动、游魂俱忌。

刻期取证，指日还丹，世空则无成，六冲则多阻，世病则九仞井弃，鬼发则一丈魔高。唯世旺福兴，而丹成悟彻。

注：止问求道，世空、世病、六冲、鬼动为四戒。

故择师，同师占也，父临日月为名师，世空恐吾不能受教。受徒传法，同继嗣也，子逢生旺为法器，命墓恐彼不能传持。

注：云游同出行，然有访道求利之别，各兼用象。

过此以往，应缘倡道，遂多名利之求矣。住持如占宅也，三冲鬼动而当退；纲纪如筮仕也，世空官坏而无成；募缘同求财也，应空财陷而徒往；法会如设馆也，应空鬼动而多损。

筮持斋戒，专务用神，自占以世为本。用旺鬼静，则始终不渝；三冲用坏，则半途改辙。

注：若筮开斋破戒，当无吉占，世坏鬼动尤凶，戒之而已。

夫金木，释道也；升降，成败也。

注：西方属金，乃肃杀之地，故以释氏像之，况自西来，当属乾兑申酉。所以金爻及乾兑之宫，福动则吉，鬼动则凶。东方属木，乃化育之所，故以道宗像之，且行东土，当属震巽寅卯。故以木爻及震巽之宫，官动为恶，子动为善也。卦有升降之爻，如八月得升，则世是升爻；八月得泰，则世是降爻，秋分后四阴升而三阳降之由也。世居升爻，可以入圣，谓之成；世居降爻，不能越凡，谓之败。然无病则吉，有病则凶。

子官，善恶也。父母摇而得典策之誉，兄弟动而犯贪嗔之戒，妻财发而有萦家之心。

注：子孙动，夙有善根，或因缘福德之隆，或高贤徒众之侍。官鬼动，原有恶孽，或灾障之缠，或调达之扰。父母带吉神动，则我书文后得名誉；带凶神动，主法嗣多聚散也。弟兄吉动，当遇良朋善友，但道风清苦；凶动，常多贪嗔之累。妻财吉动，道供盈余；凶动，妇女缠绊。

螣蛇尘障不除，勾陈夙缘不断。白虎玄武，灾盗之由；朱雀青龙，才名之士。盖必因鬼动而云凶，福动而云吉也。

注：如朱雀摇鬼为是非，动福为名誉之类。

惟得复、咸、艮、无妄而安宁者，修行之吉占也。孔孟之学，几成功名之捷径，自姚江而后，道风妙然。若有豪豪杰之士起，继绝学明圣道，亦以此章占之。

注：四易专释心学。大抵三教必以正心为根，筮修行得此者，不拘福鬼冲合，直言其吉也。然安静如之，变动复非尔。圣学无求道者，故道业止详二氏，三教道同占同也。